KB049169

박근혜는
무엇의
이름인가

박근혜는 무엇의 이름인가

민주화가 배제시킨 정치의 기원들에 대한 사유

지은이 | 이택광
펴낸이 | 김성실
기획편집 | 이소영 · 박성훈 · 김하현 · 김성은 · 김선미
마케팅 | 곽흥규 · 김남숙
제작 | 한영문화사

초판 1쇄 | 2014년 7월 20일 펴냄

펴낸곳 | 시대의창
출판등록 | 제10-1756호(1999. 5. 11.)
주소 | 121-816 서울시 마포구 연희로 19-1 4층
전화 | 편집부 (02) 335-6125, 영업부 (02) 335-6121
팩스 | (02) 325-5607
이메일 | sidaebooks@daum.net

ISBN 978-89-5940-295-3 (03340)

이 도서의 국립중앙도서관 출판시도서목록(CIP)은
서지정보유통지원시스템 홈페이지(http://seoji.nl.go.kr)와
국가자료공동목록시스템(http://www.nl.go.kr/kolisnet)에서 이용하실 수 있습니다.
(CIP제어번호: CIP2014018582)

박근혜는
무엇의
이름인가

민주화가 배제시킨 정치의 기원들에 대한 사유

이택광 지음

시대의창

이 책은 현 정치 상황에 대한 어떤 곤혹감을 해결하기 위한 개인적

인 노력의 산물이다. 역사의 수레바퀴가 뒤로 갈 수 없다는 믿음은

'진보'의 핵심 가치이다. 이런 믿음이 있었기 때문에 민주주의를

위한 투쟁의 과정이 있었던 것이다. 나에게 박근혜 정부의 등장은

이런 '진보'의 문제를 다시 고민하게 만드는 계기였다.

　역사가 계승보다 단절을 통해 전개되는 것이라고 했을 때, 민주

주의도 그와 같은 단절의 사건이었을 것이다. 시간의 화살처럼 한

번 시위를 떠난 이상 되돌릴 수 없는 사건 말이다. 많은 정치학자

나 철학자가 주장하는 것이 바로 이 문제이다. 민주주의는 출발

점이고 문제의 시작이라는 것. 그런데 그 민주주의가 후퇴한다면

이런 가설도 잘못된 것 아닌가. '진보'가 주장하듯이 정말 민주주의 이전으로 한국의 정치 상황이 돌아갈 수 있는 것이라면, 지금까지 이루어진 근대의 불가역성에 대한 주장은 모두 틀린 것이 아닌가. 물론 이런 문제 제기는 위악적인 것이다. 민주주의가 정치의 모든 것은 아니기 때문이다. 오히려 박근혜 정부는 민주주의를 정치의 모든 것으로 생각했던 '진보'의 오류를 보여주는 증거일지도 모른다.

민주주의는 어떤 완성의 상태이거나 목적일 수 없는 과정이자 조건이라는 것이 더 옳은 진단일 것이다. 민주주의 사회로 진입하더라도 정치적인 반대자를 탄압하거나 제거하려는 시도가 없지 않기 때문이다. 다만 그 탄압과 제거가 과거처럼 직접적인 폭력의 행사가 아닐 뿐, 법과 제도를 통해 정치적 반대자에게 불이익을 주는 것은 민주주의 사회에서도 여전히 유효하다. 이것은 민주주의가 문제라기보다 제도의 운영이 문제라는 사실을 말해준다. 민주주의는 권력을 나눠 갖는 제도라는 점에서 선출된 권력에 대한 불신을 늘 내재한다. 누가 권력의 자리에 앉더라도 불신을 완전히 제거할 수는 없다. 왜냐하면 민주주의의 본질은 '감시 권력'의 확산이기 때문이다. 민주주의의 이상은 1/n로 나눠진 모래알 같은 '감시 권력'이기에 1/n의 불신을 야기한다. 그래서 완전한 민주주의라는 이상은 실현될 수 없다. 민주주의는 언제나 권력의 결함을 폭로할 수밖에 없고, 박근혜 정부는 이 문제를 해결하기 위해 '보수'가 제시한 일종의 해결책인 것이다.

나의 고민은 여기에 있었다. 이 해결책은 뻔한 실패를 노정하고 있지 않은가. 그런데도 왜 그들은 모든 것을 걸고 '박근혜'라는 이름을 이상화하고 있는가. 박근혜를 지지하는 보수 인사들을 만났을 때 단도직입해서 물어봤다. 왜 박근혜인지 묻는 말에 그들의 대답은 한결같았다. "박근혜만큼 안정적인 정치인이 없다." 박근혜가 민주주의와 관계없기에 '민주화'된 사회에 불화를 일으킬 수 있을 것이라는 우려는 일축했다. 지금은 독재를 할 수 있는 시대가 아니다. 독재라는 뇌관을 제거한 상태에서 '박근혜'라는 이름은 어떤 가치를 대리하고 있는 것인지 의문이 들지 않을 수 없었다. 이 책은 이런 고민에 대해 내 나름대로 내려본 결론이다. 그러나 여기에서 찾은 결론이 나처럼 '박근혜는 무엇의 이름인지' 궁금한 이들에게 답을 주기보다 생각의 단초를 제공했으면 한다. 이 책은 학술적인 이유로 쓰인 것이 아니라, 박근혜 정부에 대해 고민하는 모든 이들과 이야기를 나눠보기 위한 하나의 방편이다. 여기에 '진보'와 '보수' 또는 '우파'와 '좌파'라는 구분은 의미 없다. '박근혜'라는 이름은 지금까지 한국의 정치를 구성해온 모든 것을 대표하고 있기 때문이다.

지금까지 이런 문제를 논의해오면서 문화비평가가 왜 자꾸 정치 이야기를 하는지 타박 아닌 타박을 주는 이들이 없지 않았다. 그러나 문제는 정치가 문화적인 것으로 바뀌어버렸다는 사실에 있다. 문화비평가가 정치를 논하는 것은 월권행위라기보다 이제 지극히 당연한 일이 되어버렸다. 문화를 논하면 정치가 보인다. 정치인이 너도 나도 '예능인'이 되는 것이나 연예인의 발언이 정치인보다 더 강력하게 대중에게 파장을 일으키는 것이나 모두 이렇게 문화적인 것으로 변화한 정치를 보여주는 것이다. 이것을 일찍이 나는 '먹고사니즘'에 근거한 '비정치unpolitics의 정치'라고 명명했다. 비슷한 개념화를 다른 학자의 논의에서 찾아내는 것도 어렵지 않았다. 본론에서 이야기하게 될 비정치의 정치 또는 반–민주주의의 문제는 한국의 현상을 토대로 문화비평가로서 고민했던 것들을 확대한 것이기도 하다. 물론 이 논의를 씨앗으로 삼아 좀 더 많은 논의를 길러낼 수 있을 것이라고 생각한다. '박근혜'라는 이름은 모든 불가능성을 배제한 이름이라는 사실을 깨달을 때에 비로소 불가능성의 정치를 고민해볼 수 있을 것이다.

부족한 원고를 책으로 만들어준 시대의창에 감사한다. 모든 이들에게 내가 진 빚을 갚기에 아직 갈 길이 멀다.

2014년 6월 저자 쓰다

1. 민주주의라는 문제

민주주의라는 정치적 조건은 완성된 것이 아니다. 정치라는 것이 본래 그렇듯, 언제나 사건의 균열이 그 속에 내재해 있다. 개인의 자율성에 방점을 찍는 자유주의와 공동선 추구를 목표로 삼는 공화주의가 일정하게 차별성을 가지긴 하지만, 정치를 합리적인 방식으로 관리 통제해야 한다고 본다는 점에서 동일한 입장을 취한다. 이 사실에서 증명되듯이 정치라는 것은 기본적으로 비합리적인 기원을 가진 것이다.

***

2014년 한국에서 심심찮게 민주주의의 위기가 제기되고 있다. 박근혜 정부의 등장은 이 사실을 증명하는 것처럼 보이기도 한다. 국가기관과 언론에 대한 불신이 극에 달하고 '종북'이라는 이름으로 매카시즘의 망령이 귀환해서 사상의 자유를 침해하는 일들이 되풀이되고 있는 것이다. '민주화' 이후에 이미 '낡은 것'으로 치부되었던 과거의 것들이 차례로 돌아왔다고 말할 수 있겠다. 왜 이렇게 민주주의의 이름으로 과거에 묻어버렸던 망령들이 돌아온 것일까. 한국의 민주주의가 완성되지 못했기 때문일까. 좀 더 완성된 민주주의를 이룩한다면, 앞으로 이런 일은 더 이상 되풀이되지 않을까.

1980년대 이후 민주주의에 대한 요구가 드높았지만 그 결과가 그렇게 성공적이지 못했다는 진단은 낯선 것이 아니다. 이른바 '민주화'가 또 다른 문제점을 노출하면서 좌초하게 되었다는 사실은 부정하기 어렵다. 민주주의가 해결책이라기보다 문제의 출발이라는 진실이 이 지점에서 드러난다. '박근혜'라는 이름은 바로 민주주의의 문제를 보여주는 증상인 것이다. 역설적으로 민주주의가 후퇴했기 때문에 박근혜 정부가 등장한 것이 아니라, 그것이 작동한 결과로 '박근혜'라는 이름이 권력을 얻을 수 있었다고 볼 수 있다. 이것은 '박근혜'라는 이름을 지지한 이들이 민주주의에 대해 가진 견해와 아무런 상관없다.

한국에서 민주주의는 여전히 달성해야 하는 어떤 정치의 목적인 것처럼 보인다. 진보든 보수든 국가나 사회에서 발생하는 문제의 원인으로 민주주의를 제시한다. 진보가 민주주의의 부족을 지적한다면, 보수는 민주주의의 과잉을 거론한다. 결과적으로 문제는 민주주의인 것이다. 민주주의는 왜 이렇게 문제를 내포하고 있는 것일까. 최장집은《민주화 이후의 민주주의》에서 이렇게 말한다.

1987년 6·29선언으로부터 10월 헌법 개정안이 국회에서 가결될 때까지를 한국 민주화 과정에서 집권 세력과 민주주의 세력 간 '협약'의 기간이라고 말할 수 있을 것이다. 양자 간 협상은 당시 주요 정치 세력을 대표해 여야 대표가 참여한 정치 회담의 형태를 띠었다. 그러나 이 제도 협상을 위한 라운드테이블은 제도권 엘리트 간의 정치 게임이었지, 운동 세력이 참여한 협상 테이블은 아니었다. 여야 여덟 명으로 구성된 정치 회담은 민주화 운동 세력을 대변했던 국민운동본부를 배제하면서 참여의 범위를 최대한 제한했던 구체제 엘리트들의 '원탁회의'였다.[1]

최장집의 진단은 1987년 이후에 전개된 '민주화' 과정의 기원이 "구체제 엘리트들"의 이해관계에 기반을 두었고, 그 기원적인 한계를 넘어서지 못했다는 것이다. 그의 진단이 옳다면, 1987년 6월 항쟁 이후에 목격할 수 있었던 '민주화'는 실질적으로 1987년에 이루어졌던 "원탁회의"의 결과를 관철시켜 나가는 과정이었다고 할 수 있다. 어떻게 생각하면 1987년 6월에 있었던 항쟁 자체가 체제의 근본 변혁을 지향했다기보다, '대통령 직선제'라는 제도의 변화를 요구했다는 점에서 한계가 분명했던 것인지도 모른다.

그러나 6월 항쟁을 통해 열린 정치 공간은 그해 7월에서 9월까지 이어진 노동자 대투쟁이라는 뜻하지 않은 상황을 맞이해야 했

---

1 최장집, 《민주화 이후의 민주주의: 한국 민주주의의 보수적 기원과 위기》, 후마니타스, 2005, 138~139쪽.

다. 항쟁의 주체를 '시민'이라는 중간계급의 '자기-되기becoming a self' 욕망에 묶어두고 싶었던 구체제의 엘리트들에게 조직화한 노동자라는 생경한 존재의 등장은 충격적인 것이었다.

"한국의 제4계급, 노동자"

이전에도 노동운동이 없었던 것은 아니지만 1987년만큼 대규모로 조직화한 노동자가 집단적으로 위력을 과시한 경우는 없었다. 한국에서 노동자는 다른 아시아 국가의 경우와 마찬가지로 민족이라는 장막에 가려서 제대로 실체를 확인하기 어려웠던 '제4계급 the fourth estate'이었다. 유럽의 맥락에서 이 계급은 18세기의 세 계급(왕, 귀족, 시민)과 전혀 다른 종류의 '떼거리mob'를 의미했다. 영국의 문필가 헨리 필딩Henry Fielding의 정의에 따르면, 공동체에서 가장 거대하고 강력한 실체를 구성하고 있는 계급이 바로 '제4계급'이다. 빅토르 위고Victor-Marie Hugo의 《레 미제라블Les Misérables》에 선명하게 묘사되어 있는 '떼거리'가 여기에 해당한다. 위고가 선구적으로 '제4계급'을 미학적인 방식으로 묘사하고 있긴 하지만, 그렇다고 이 집단을 긍정적으로 보았던 것은 아니다. 소설 《레 미제라블》의 첫 장이 "정의just"인 것에서 알 수 있듯이, 위고는 근대를 통해 등장한 새로운 세력 자체에 관심이 있었다기보다, 그런

'혼란 상태'를 만들어낸 국가와 법의 모순에 주목했다. 스테판 욘손Stefan Jonsson의 지적처럼, 위고는 처음에 '비참'을 인간의 곤경으로 묘사했지만, 점점 '떼거리'에 대한 그의 관점은 "폭력과 암흑의 형상화에 가까워진다". 위고는 비참함을 범죄성과 관련지어서 "암흑의 숙명적인 논리"라고 진술한다는 것이다.[2]

위고의 또 다른 작품인《파리의 노트르담Notre-Dame de Paris》에 등장하는 콰지모도는 이런 '떼거리'에 대한 공포를 형상화하고 있는 인물이다. 이 '괴물' 형상은 18세기 문학의 전반에 걸쳐 등장하는데, 영국의 작가 메리 셸리Mary Shelley의《프랑켄슈타인Frankenstein》에서 그려진 이름 없는 괴물도 마찬가지 함의를 내포하는 것이라고 할 수 있다. 이 작품에서 괴물은 그냥 '그것it'으로 지칭될 뿐이다. '그것'으로 지칭될 뿐인 괴물의 의미에 대한 숱한 연구들이 있지만, 사회적인 맥락에 놓고 이 작품을 해석한다면 '제4계급'에 대한 우의로 얼마든지 받아들일 수 있을 것이다. 아리스토텔레스Aristotle가 말했듯이 '주인의 말'을 할 수 있는 존재야말로 정치적 주체라고 한다면, 인간의 말을 배우고 주인에게 도전하는 괴물이야말로 정치적인 주체의 형성 과정을 보여주는 것이라고 할 수 있다.

---

2 스테판 욘손,《대중의 역사Tre Revolutioner: En Kort Historia om Folket 1789, 1889, 1989》, 양진비 옮김, 그린비, 2013, 55쪽.

이름 없는 '제4계급'은 지배계급에게 공포와 혐오를 동시에 자아냈지만, 또한 그 지배계급 내에서 자신의 입지를 확보하려는 잠재적인 권력 엘리트들의 입장에서 본다면 '제4계급'의 마음을 사로잡는 것이야말로 권력의 중심으로 나아갈 수 있는 효과적인 수단이었다. 이런 권력의 문제를 최초로 파악한 이가 바로 니콜로 마키아벨리Niccoló Machiavelli일 것이다. 마키아벨리는 세습되는 권력과 다른 권력, 즉 역량을 통해 획득할 수 있는 권력에 대해 이야기한 최초의 정치철학자이다. 마키아벨리 자신은 예견하지 못했지만, 그의 정치철학은 후일 근대사회에서 대중 동원과 정치권력의 문제를 고민하는 중요한 단초를 제공했다고 할 수 있다. 근대는 권력 세습을 중단시킨 정치제제를 발전시켰고, 이것을 민주주의라고 이름 붙였다. 근대에 이르러 권력은 수직적인 위계를 탈피해서 수평적인 격자로 펼쳐지게 되었다. 민주주의의 정치체제에서 권력 획득의 문제는 필딩의 진단처럼 '제4계급'의 지지를 무시할 수 없게 만들었다.

이 수평적인 격자는 그냥 이루어지는 것이 아니다. 여기에는 민족이라는 범주가 필수적이다. 에릭 홉스봄Eric J. Hobsbawm은 민족을 발명품이라고 이야기했지만, 민족주의 자체를 부정하지는 않았다. '제4계급'은 민족주의를 구성하는 동력이기도 했다. 민족주의는 일방적으로 위로부터 형성되는 것이 아니다. "시민권과 대중

참여는 민족의 구성에서 필수적"이라는 것이 홉스봄의 진단이다.[3] 민족이라는 범주는 모든 구성원을 '인민'으로 평등하게 만들어낸다는 점에서 정치적이다. 이 정치성이 구현된 것이 바로 근대의 민족국가 또는 국민국가라고 할 수 있다.

한국은 근대에 식민지와 분단이라는 경험을 통해 '정상적인' 민족국가 또는 국민국가를 이룩하지 못했다는 인식이 팽배하다. 한국에서 진보의 문제는 이런 '비정상성'을 정상으로 되돌리는 문제였다. 마르크스주의조차도 민족주의와 연합할 수밖에 없었던 속사정은 여기에 있었던 것이다. 파시스트도 민족주의와 연합해서 계급투쟁에 대항하고자 했다. "'나치 좌파'뿐만 아니라, 나치즘의 승리 자체가 독일 민족을 착취하는 국제금융자본에 대한 적개심"을 "유대인에 대한 적개심으로 전환하는 데 성공한 결과"였다는 것은 자못 의미심장하다.[4]

나치가 성공할 수 있었던 요인은 '평등'의 이념을 전제하는 민족에 대한 인민의 욕망 덕분이 아니었을까. 존 스튜어트 밀John Stuart Mill은 비판적인 견지에서 민족주의를 "동일한 정부 아래 존재하

3 Eric J. Hobsbawm, *Nations and Nationalism Since 1780: Programme, Myth, Reality*, Cambridge: Cambridge UP, 1990, p. 19.
4 후지이 다케시, 《파시즘과 제3세계주의 사이에서》, 역사비평사, 2012, 25쪽.

고자 하는 욕망"의 산물이라고 불렀다.[5] 민족주의가 옳다면, 같은 정부 아래에서 예외는 있을 수 없다. 우리 모두는 하나의 정부 아래에 있어야 한다. 민족을 민주주의의 조건으로 생각하는 자유주의 정치철학이 이렇게 완성된다. 이런 원칙에서 평등한 개인이 전제되어야 민족도 가능하다. 그래서 한국처럼 단일한 민족국가 또는 국민국가를 형성하지 못한 곳에서 민주주의 문제는 항상 민족주의와 결합할 수밖에 없다.

"87년 체제의 등장"

이런 양상은 이른바 '민주화' 과정에서 고스란히 드러난다. 분명히 1987년은 노동자 대투쟁으로 기억될 수 있는 해이지만, 이제 남아 있는 것은 시민혁명의 기억뿐이다. 1987년을 시민혁명의 해로 인식하면서 윤상원[6]을 비롯한 도청 사수파의 기억을 지워버린 채, 1980년 광주를 '민주화 운동'으로 자리매김하는 과정은 민주주의의 주역으로 노동계급보다도 도시중간계급을 내세우게 만

---

5 John Stuart Mill, *The Collected Works of John Stuart Mill, Volume XIX-Essays on Politics and Society*, ed. John M. Robson, London: Routledge and Kegan Paul, 1977, 16장.
6 윤상원(1950~1980)은 노동운동가이자 5·18 광주민주화운동 당시 시민군으로 전남도청에서 계엄군의 총에 맞아 사망했다.

들었다. 이른바 "기층민중운동"이라고 불렸던 1980년대 계급 운동의 이념은 점차 도시중간계급의 자유주의로 대체되었다. 이 자유주의가 지향했던 것은 해방 이후 한국의 지식 엘리트 집단이 오랫동안 추구했던 미국의 가치였다. 이 과정에서 1987년 6월 항쟁 이후 출몰했던 노동자의 형상은 잊혔다. '노동계급의 해방'을 위해 헌신했던 이들도 의회정치로 들어가면서 노동자의 이해관계를 더이상 대변하지 않게 되었다. 1980년대를 수놓았던 혁명적 정치 운동은 자신의 이념을 배반하면서 자유주의를 치장하는 장식물 중하나로 남는 길을 택했다.

1980년대 투사와 함께 거리를 누볐던 철학은 이제 학문의 세계로 퇴거했고, 운동의 자리는 자유주의자들이 점유했다. 이들에게 중요한 것은 '정상 국가'에 적합한 제도의 합리화였다. 한마디로 혁명의 이념을 시장주의라는 새로운 이념으로 대체하는 것이 이들의 역할이었다. 노동자가 철학을 논하고, 농부가 시를 쓰며, 학생이 공장으로 향했던 1980년대는 이렇게 막을 내렸다. 자크 랑시에르Jacques Rancière의 말을 빌려서 말하자면, "미학적 차원"이 닫히고 다시 공동체의 위계를 재구성하는 감각적인 것의 나눔이 이루어졌다. 이것이 바로 지금 회자되고 있는 87년 체제의 출현이다. 이제 각자의 몫에서 제 역할에 충실할 때 "깨어 있는 시민"이라고 불릴 수 있는 자격을 갖춘 존재로 받아들여지게 되었다. 우리가 일반적으로 일컫는 '민주화'는 이렇게 진행된 것이다.

　이런 '민주화'의 한계에 대한 지적들은 심심찮게 있었고, 87년 체제를 넘어서야 한다는 공감도 적지 않았다. 그러나 상황은 기대에 부합하지 않았다. 87년 체제의 지분을 나눠 가지면서 형성되었던 의회정치의 모양새도 예전 같지 않다. 진보 정당의 존재감은 미미하게 남아 있고, 보수 양당 구도도 제대로 작동하지 않는 것처럼 보인다. 게다가 2008년 '촛불'과 2012년 출현한 이른바 '안철수 현상'은 87년 체제의 극복을 이야기했던 많은 이들에게 당혹감을 선사하기에 충분했다. 무엇인가 변화했지만, 그것이 무엇인지 정의할 수 있는 개념은 부족했다. 제도의 '정상화'를 위해 정책 개발에 매진하면 자연스럽게 민주주의가 진화할 것이라는 믿음은 실현되지 않았다. 민주주의는 더 곤경에 빠진 것 같았다. '민주주의 후퇴'라는 말도 심심찮게 등장했다. 그러나 이런 반응은 민주주의의 본질에 대한 성찰을 누락한 판단이다.

　사실상 중요한 것은 민주주의라기보다 그것을 통해 작동하는 정치이다. 정치는 민주주의만으로 이루어지지 않는다. 물론 근대 이후 정치체제는 민주주의를 지향했고, 그래서 지금 우리는 '민주국가' 또는 '민주사회'라는 정언명령에 따라 살고 있다. 국가와 사회의 '민주화'는 앞서 논의했듯이 근대의 산물이다. 권력이 수평적인 격자로 펼쳐진 탈위계의 세계를 민주주의라고 부르는 셈이다.

민주주의라는 정치적 조건은 완성된 것이 아니다. 정치라는 것이 본래 그렇듯, 언제나 사건의 균열이 그 속에 내재해 있다. 개인의 자율성에 방점을 찍는 자유주의와 '공동선common good' 추구를 목표로 삼는 공화주의가 일정하게 차별성을 가지긴 하지만, 정치를 합리적인 방식으로 관리 통제해야 한다고 본다는 점에서 동일한 입장을 취한다. 이 사실에서 증명되듯이 정치라는 것은 기본적으로 비합리적인 기원을 가진 것이다. '박근혜'라는 이름은 이런 정치의 비합리성을 지칭하는 하나의 의미화이다.

2. 민주주의와
반-민주주의

민주주의가 이른바 사회의 감시 권력을 확립하는 과정이라는 사실도 다양한 사례에서 찾아볼 수 있다. 87년 체제에서 성장한 시민 세력의 참여로 노무현 정부가 선출되었을 때, '노사모'는 "이제는 감시"라는 구호를 외쳤다. 지금까지 '민주 정부'를 선출하기 위해 노력하던 시민 세력이 갑자기 그 민주주의를 통해 선출된 권력을 감시하는 집단으로 변화한다는 것은 이상할 법도 하다. 그러나 민주주의가 감시 권력의 문제라고 한다면, 그것에 충실한 것이 바로 '민주 시민'의 역할이다.

***

알랭 바디우-Alain Badiou는 《세기Le Siècle》에서 나치즘을 '생각의 형식'이 아니라고 말하는 지적인 경향에 대해 비판적인 태도를 취한다. "야만은 생각하지 않는다"는 믿음이야말로 지금 현재 "대안은 없다"고 말하는 지적 헤게모니의 착각이라는 것이다.[7] 정치는 생각할 수 있고 야만은 생각하지 않는다는 전제야말로 "자본주의적 의회주의의 야만성"을 은폐하는 것이라는 주장이다. 바디우는 나치즘도 정치이자 생각이라고 말한다. 바디우의 말은 무슨 뜻일까.

---

7 Alain Badiou, *The Century*, trans. Alberto Toscano, Cambridge: Polity, 2007, p. 4. 한국어판은 《세기》, 박정태 옮김, 이학사, 2014.

그의 논리에 따르면, 나치즘을 생각하지 못하는 악으로 규정하기는 쉽지만, 그랬을 경우 무기력한 신학적인 판단 이외에 할 수 있는 일은 없다. 악을 전제했을 경우 그것의 창조자가 있어야 하는 것이고, 그렇다면 결과적으로 악을 소멸시킬 수 있는 존재는 그것을 만들어낸 절대자일 수밖에 없다. 이렇게 생각한다면, 악은 '우리와 다른 것' 또는 '인간이 아닌 것'에 지나지 않는다. 악은 도대체 '우리'와 관계없는 무엇이 되고, 정치와 생각은 어떤 처벌이나 비판의 대상이 아닌 절대적인 것이고, 이것들을 '성취' 또는 '완성'하는 것이 중요한 과제로 받아들여지는 것이다. 그러나 정치와 생각이라는 것은 목적이라기보다 과정이다. 따라서 절대적인 것이 아니다.

나치즘을 생각하지 않는 악의 문제로 등치해버리면 그것에 대한 정당한 이해는 불가능하다. 왜냐하면 이럴 경우 중요한 것은 특정 정치를 악으로 규정하는 것일 뿐, 그것의 실체를 규명하는 것이 아니기 때문이다. 바디우는 이처럼 정치적인 문제를 도덕적인 판단으로 손쉽게 대체한다면 나치즘과 민주주의의 공모 관계라는 진실을 밝혀내지 못해 역설적으로 향후 되풀이될 전체주의의 출현을 막을 수 없다고 경고한다. '우리'가 그 야만의 공모자일 수 있다는 사실, 그리고 야만에 적대적인 줄 알고 있는 민주주의가 사실 그것을 배양하는 조건일 수 있다는 불편한 진실을 직시하지 못한다면, 전체주의는 여전히 '우리'의 미래를 위협할 것이라는 말이다. 실제로 나치즘은 1890년과 1920년 사이에 발생한 여러 전쟁의 경험으로 인해 정부에 대한 확신을 잃어버린 인민이 선택한 "극단적인 해결책"이었다.[8]

바디우의 경고는 지금 한국에서 벌어지고 있는 상황에도 적절한 것이라고 하겠다. 이른바 진보라는 이들은 박근혜 정부를 '유신의 부활'이라고 규정하면서 악마화하기에 열중하고 있다. 반대로 이른바 보수라는 이들은 정당한 민주적 절차에 따라 당선되었기 때문에 박근혜 정부를 독재라고 비판하는 것은 얼토당토않다고 강변한다. 이런 공방에서 정작 사라지고 없는 것은 민주주의를 통해 왜 하필이면 '박근혜'라는 과거의 이름이 복귀했는지 그 이유를 따져보려는 노력이다. 아무리 말장난으로 재주를 부리더라도 '박근혜'라는 이름이 민주주의와 무관하다는 것은 누구나 아는 사실이다. 분명 '박근혜'라는 이름 또는 그 이름에 의미를 부여하는 현상을 두고 민주주의라고 말할 수는 없다. 집권 후에 박근혜 정부가 보여줬던 행보를 보더라도 민주주의의 가치보다는 다른 가치를 추구했다는 사실을 어렵지 않게 확인할 수 있다. 그러나 앞서 바디우의 말을 빌려서 생각해본다면, 확실히 '박근혜'라는 이름이

---

8 Pierre Rosanvallon, *Democratic Legitimacy: Impartiality, Reflexivity, Proximity*, trans. Arthur Goldhammer, Princeton: Princeton University Press, 2011, p. 3.

민주주의를 의미한다고 말할 수는 없지만, 그렇다고 정치가 아니라고 말할 수도 없는 것이다. 정치가 아니라면 박근혜 정부는 어떻게 유지될 수 있겠는가. 권력을 실행하는 방식이 다를 뿐, 이들이 행하는 것도 정치이며 이들 또한 생각을 하고 있는 세력이다. '박근혜'는 무엇의 이름인지 물어야 하는 까닭이 여기에 있다.

"불신과 반-민주주의"

'박근혜'라는 이름은 단순한 개인의 호명이라고 보기 어렵다. 그렇다고 박정희 체제에 대한 향수를 대변하는 절대 기표인 것도 아니다. 그 이름은 바디우가 프랑스에서 '사르코지'를 일컬어 "프랑스 정치의 상징 구조를 날려버린 이름"이라고 묘사했던 것과 비슷한 의미를 갖는다.[9] '박근혜'라는 이름과 박정희 체제에 대한 향수는 나중에 논의하기로 하고, 여기에서 집중적으로 논의할 것은 박근혜 정부의 출현으로 제기된 민주주의와 정치의 관계 문제이다. 정치는 민주주의만으로 작동하지 않는다. 이 문제를 이해하기 위한 유용한 개념을 피에르 로장발롱Pierre Rosanvallon의 주장에서 발견할 수 있다. 그는 '불신distrust'이라는 행동 양태를 중

---

9 Alain Badiou, *The Meaning of Sarkozy*, trans. David Fernbach, London: Verso, 2009, p. 27.

심으로 형성되는 '반-민주주의counter-democracy'의 문제를 제기한다. 반-민주주의라는 것은 "선출된 대의민주주의 내에서 작동하는 반-권력counter-power"을 의미한다.[10] 여기에서 "선출된 대의민주주의"라는 것은 구체적으로 민주적인 투표를 통해 뽑힌 대표들이 구성하는 정권을 의미한다. '반-민주주의'라는 것은 이처럼 민주주의 자체에 반대하는 반민주주의가 아니라, 선거에서 다수표를 확보해서 합법성을 인정받은 체제에 반대하는 또 다른 민주주의이다. 이런 방식으로 정치는 기존의 정치체제를 구성하는 민주주의와 그것에 반대하는 민주주의를 통해 작동한다는 것이 로장발롱의 주장이다.

민주주의는 주권자로서 인민을 전제하지만, 민주주의 체제는 완전한 주권자로서 인민을 재현할 수 없다. 민주주의는 언제나 대표를 뽑아서 통치할 수밖에 없는 과두제를 전제한다. 이런 민주주의 근본 모순에 대한 불만은 민주주의 체제에 대한 불신으로 나아가고, '더 많은 민주주의'를 요구하기 시작한다. 이 요구의 기저에 '불신'이 있는 것이다. 이 '불신'을 조직했을 때, 이른바 반-권력이 형성된다. 여기에서 반-권력이란 것 역시 권력에 반대하는 것

---

10 Pierre Rosanvallon, *Counter-Democracy: Politics in an Age of Distrust*, trans. Arthur Goldhammer, Cambridge: Cambrideg University Press, 2008, p. 8.

이 아니라, 기존에 수립된 민주주의 체제에 반대하는 권력을 의미한다. 선출된 권력의 안티테제로서 출현하는 다른 권력이 바로 반-민주주의이다. 왜 이런 반-권력 또는 반-민주주의가 존재하게 되는 것일까. 이것은 바로 민주주의라는 정치체제의 모순 때문이다.

지금까지 역사상 완전하게 존재했던 민주주의 체제는 없었다. 현실에서 민주주의는 항상 실패했다. 조금 낙관적으로 말하자면, 민주주의는 늘 실패함으로써 가능했다. 이런 의미에서 민주주의에 대한 실망은 그것에 대한 희망과 항상 공존했다. 로장발롱이 이야기하듯이, "정부의 합법성을 선거에 기초하게 만들려는 생각은 거의 언제나 선출된 권력에 대한 시민의 불신과 손을 맞잡고 있는 것"이다.[11] 이런 조직화된 '불신'이 형성하는 반-권력이야말로 정치의 한 축이다. 조금 있다 짚어보겠지만, 이 반-권력은 정부를 감시하는 시민 세력 또는 사회를 의미한다. 민주적 선거제도를 통해 선출된 정부에 대한 불신은 민주주의에 내재한 불완전성으로 인해 초래되는 것이다. 이 문제는 다수결 원칙을 준수하는 민주적 선거제도의 대의성 자체에 내재해 있다.

---

[11] Rosanvallon, 같은 책, p. 2.

다수의 투표가 정부의 합법성을 수립한다는 사실이 실제로 민주주의의 본질인 양 보편적으로 받아들여진다. 소수가 자신의 법을 마음대로 집행했던 과거의 방식과 결정적으로 단절한 것처럼 보이기 때문에 이런 합법성에 대한 정의는 처음에 보면 자연스러운 것처럼 여겨진다. "절대 다수" 또는 "광범위한 다수"라는 표현은 독재와 귀족 체제에서 확인할 수 있는 소수 지배의 특성에 대조적인 다수의 법을 수립하는 것이다.[12]

로장발롱이 말하듯이 민주주의는 다수의 법이다. 독재와 민주주의의 문제는 얼마나 많은 이들이 권력을 나눠 갖는지 그 수에 따른 분배의 문제이다. 로장발롱의 진술은 결론적으로 민주주의라는 것이 독재라는 하나의 수에서 다자의 수로 뒤집힌 권력 구조에 지나지 않는다는 것을 말해준다. 그러나 민주주의가 전제하는 '모든 수'를 재현할 수 있는 정부 또는 국가는 없다. 하나를 뒤집는다고 자동적으로 모두가 되는 것이 아니다. 이른바 민주주의 체제에서 '민주적'이라고 부르는 선출된 권력에 대한 '불신'이 발생하는 이유는 이것이다. 2008년 한국에서 일어난 '촛불'의 경우가 이런

---

12 Pierre Rosanvallon, *Democratic Legitimacy: Impartiality, Reflexivity, Proximity*, trans. Arthur Goldhammer, Princeton: Princeton University Press, 2011, p. 1.

민주주의의 속성을 정확하게 보여준다. 당시 보수는 '민주적 선거'를 통해 선출된 이명박 정부에 대한 '시민'의 '불신'을 '철없는 행동'이라고 규정했다. 투표지의 잉크도 마르기 전에 막 출범한 정부를 '불신'하는 것은 '성숙한 민주주의'일 수 없다는 취지였다. 보수의 이런 생각과 달리, 로장발롱의 분석에 따르면, 이것이야말로 민주주의의 본질이 있는 그대로 드러난 사례이다. 한국의 민주주의가 성숙하지 못해서 '촛불'이 일어난 것이 아니라 선출된 민주주의, 다시 말해서 민주적으로 선출된 권력에 대한 반-민주주의가 제대로 작동했기 때문에, 더 정확하게 말하면 정치체제가 제대로 기능했기 때문에 선출된 정부에 대한 '불신'이 금방 가시화될 수 있었다. 이런 역동성 자체가 바로 정치라고 볼 수 있다.

"사회적 감시와 감시 권력"

2008년 한국에서 벌어진 '촛불'에서도 확인할 수 있듯이, 정부에 대한 '불신'을 근거로 반-권력 또는 반-민주주의가 조직된다는 것은 부정하기 어렵다. 반-민주주의는 기본적으로 감시surveillance 권력을 토대로 한다. 로장발롱은 미셸 푸코Michel Foucault의 '감시' 개념을 근대의 보편성으로 인식하면서 '판옵티콘panopticon'의 기능이 개인의 차원으로 확대된 "권력에 대한 사회적 감시"를 근대 정치라고 부른다. 푸코의 '판옵티콘' 개념은 제러미 벤담Jeremy Bentham에게서 빌려온 것이다. 영국의 공리주의자인 벤담에게 '판옵티콘'은 개인을 훈련시키는 규율 형식이었다. 벤담은 범죄자를 구제하기 위한 '경제적인 방법'으로 원형 감시 건축물을 만들자고 제안하는 서신을 작성했다. 벤담은 자신의 건축물을 "교정의 집the house of correction"이라고 불렀는데, '판옵티콘'의 목적이 강제 노동처럼 개인의 자유를 침해하지 않고 잘못을 교정하는 기능에 있다는 사실을 분명히 한다. 벤담에 따르면 이 "교정의 집"에서 개인은 "어떤 일을 하든 자신의 능력껏 일한 경우 생계 수단을 지급받지 못할 이유가 없고, 더 나아가서 의심으로부터 자유롭게 그 노동의 대가로 자신의 능력을 인정받을 수 있다"는 것이다.[13] 푸코는 이런 '판옵티콘'에 대한 벤담의 생각을 경제적 자유와 통치의 기술을 결합하려는 자유주의 정부에 대한 구상이라고 보았다.[14] 푸코의 분석처럼, 벤담은 아주 긴 분량으로 기존의 처벌 방식보다 월등한 '판옵티콘'의 경제성을 설명하고 있는데, 이 건축물에 대한 구상이야말로 자유주의 중에서도 정부는 개인의 자유를 침해하지 않는 한에서 작동해야 한다는 공리주의의 이상을 확

13 Jeremy Bentham, *The Panopticon Writings*, ed. Miran Bozovic, London: Verso, 1995.
14 Michel Foucault, *The Birth of Biopolitics: Lectures at the College de France 1978-79*, trans. Graham Burchell, London: Palgrave, 2008, p. 86.

인시켜주는 것이다.

　이런 공리주의에 대한 문제는 조금 있다가 짚어보기로 하고, 로장발롱은 '사회적 감시'라는 개념이 프랑스 혁명 시기에 '귀족화' 하는 혁명대표부에 대한 통제 수단으로 처음 등장했다는 사실에 착안해서 푸코의 생각을 민주주의의 문제로 확대 적용한다. 당시 혁명대표부는 자신들의 독립성을 강조하기 위해 "임시 귀족체제"라는 용어를 사용했는데, 이에 대해 인민주권의 관점에서 '사회적 감시'라는 대응책이 제시되었다는 것이다. 여기에서 '감시'라는 것은 전근대적인 군주제에서 수행했던 기능과 달리, 인민과 주권의 간격을 좁히기 위한 방안으로 도입되었다. 이것을 로장발롱은 감시 권력이라고 지칭하면서, 근대의 민주주의가 이런 믿음에 기초한다고 말한다. 다음과 같은 그의 주장은 상당히 흥미로운 것이다.

　　미셸 푸코의 선구적 작업 이래로 "감시 사회"라는 용어는 보통 훨씬 밀접해진 존재의 양상에 권위적 집단이 지배권을 강화할 목적으로 광범위한 방법에 의존하는 사회를 설명하기 위해 적용되었다. 푸코가 제러미 벤담으로부터 빌려온 "판옵티콘"의 이미지는 감옥의 형식과 방법에 대한 상징으로 정립되었다. 다양한 감시 기술로부터 파생된 권력이 사회에 퍼져 있다는 생각은 현실에 대한 정확한 묘사로 널리 받아들여졌다. 컴퓨터, 도시 감시 카메라, 다른 향상된 장치들의 사용은, 개인의 행동을 이전보다 훨씬 밀착된 관찰에 종속시키는 근대적인 관리 체계를 발전시킨 것만큼이나 오웰적인 전망에 믿음을 선사했다. 그럼에도 이 모든 것들에 대한 고찰에서 우리는 뒤집힌 현상, 말하자면 사회에 의한 권력 감시라는 측면을 과소평가하지 말아야 한다. 반-민주주의는, 물론 사회를 통해 수행되는 것으로서, 푸코가 묘사한 바로 그것들과 유사한 통제 메커니즘을 차용한다.[15]

"감시 권력의 세 요소"

이렇게 시민 세력 또는 사회가 수행하는 감시 권력을 구성하는 세 가지 요소로서 로장발롱은 "감찰vigilance, 폭로denunciation, 평가evaluation"를 제시한다. 감찰은 정부에 대한 모니터링을 의미한다. 정부의 정책 집행을 주시하면서 일거수일투족을 감시하는 행동이다. 정책을 중심으로 조직된 다양한 시민 단체들이 주로 이 역할을 수행한다. 폭로는 말 그대로 정부 관료나 정치인의 비리를 공개하는 것이다. 이 비리에 스캔들도 포함된다. 로장발롱에 따르면, 스캔들의 폭로는 "권위에 동의하지 않는 허무주의적 묘사"와 "투

15 Pierre Rosanvallon, *Counter-Democracy: Politics in an Age of Distrust*, trans. Arthur Goldhammer, Cambridge: Cambrideg University Press, 2008, pp. 31-32.

명성이라는 정치적 미덕에 대한 신념", 이렇게 두 가지 차원을 가진다. 가끔 지탄의 대상이 되는 '폭로 저널리즘' 또는 '황색 저널리즘' 역시 이런 의미에서 민주주의에 내재한 감시 권력의 기능을 명분으로 내세운다고 할 수 있다. 이런 폭로는 '명망reputation'이라는 정치인의 상징 자본을 훼손시키는데, 명망이야말로 신뢰라는 "보이지 않는 제도"를 구축하는 토대라는 점에서 폭로의 효과는 무시하기 어렵다.[16] 정치의 탈이데올로기화가 가속화하고, 복지부동에 대한 비판이 특이한 것이 아니라 규범적인 것이 되면서 개인의 잘못에 대한 비난은 체계에 대한 그것과 무관하지 않게 되었다. 과거처럼 개인과 구조가 명쾌하게 나뉘는 정치는 더 이상 존재하지 않게 된 것이다. '박근혜'라는 이름 역시 이런 명망의 상징 자본 덕분에 권력에 도달했다고 볼 수 있다. 명망 하나로 유력한 정치인으로 부상한 경우는 안철수도 있다. 문재인 역시 제한적이긴 하지만, 노무현이라는 상징 자본에 기댄 명망 덕분에 유력한 대선 후보가 될 수 있었다. 이들은 '이름'만으로 신뢰를 구축하는 탈이데올로기적 정치의 사례에 해당하는 것이다. '민주화' 이후에 한국에서 이념의 정치가 무의미하게 된 것은 이런 변화와 무관하지 않다. 따라서 한국의 경우도 이렇게 폭로가 중요한 감시 권력으로 작동하는 경우

---

16 Rosanvallon, 같은 책, p. 48.

가 심심찮게 있다. 대표적으로 인터넷이 이런 역할을 하고 있으며, 팟캐스트를 비롯한 개인 방송도 빼놓을 수 없다.

특히 '나꼼수 현상'은 폭로라는 감시 권력의 기능을 전형적으로 보여주었다. '나꼼수 현상'은 개인의 비리를 추적함으로써 체계의 문제를 드러내는 한편, 반-민주주의로서 작동하는 감시 권력의 의미를 적절하게 밝혀준다. '나꼼수 현상'은 반-민주주의라는 측면에서 가능했다. 따라서 '나꼼수 현상'이 선거로 이어져서 선출된 권력을 지향하게 되자 자연스럽게 동력을 상실하게 되었던 것이다. 게다가 '나꼼수' 자체가 반-권력의 대상이 되어서 문제 제기를 받게 되었을 때, 적절하게 대처하지 못했다는 점도 한계로서 작용했다. 그러나 '나꼼수 현상'은 반-민주주의의 감시 권력에 내재한 폭로의 기능을 보여준 훌륭한 본보기였다고 할 수 있다. 감찰이 시민 단체의 문제라면, 폭로는 저널리즘의 역할이다. '나꼼수'를 주도했던 이들이 자연스럽게 자신들을 '언론'이라고 지칭할 수 있었던 것은 이 때문이었다. 감시 권력에서 폭로는 정치에 대한 허무주의를 조장하면서 정치적 이슈를 스캔들로 만들어낸다. 이 문제는 진실을 폭로하는 것과 아무런 관련이 없다. "폭로의 목표가 더 이상 비리에 연루되어 있지 않지만 합법적으로 보이는 행동 또는 처신이 그냥 의심스러울 때 더 큰 설득력을 가진다"는 것이 핵심이다.[17] 폭로라는 감시 권력의 진실 공방에서 중요한 동기부여가 음모 이론인 이유가 여기에 있다.

마지막으로 평가는 전문가 집단을 중심으로 정부의 기능을 따져보고 판단을 내리는 행동이다. 평가의 목적은 정부의 통치 기능을 개선하고 향상시키기 위한 것이다. 여기에서도 명망은 대단히 중요한 역할을 하지만, 어디까지나 전문가의 기능성이라는 측면에서 그렇다. 로장발롱은 정치적 비판이 불가능했던 곳에서도 이런 정부 관료의 능력을 평가하는 감시가 있었다고 말하면서 고대 중국의 사례를 들고 있다.[18] 한때 한국에서 인기를 끌었던 〈판관포청천〉이라는 드라마에서도 확인할 수 있듯이, 민주주의라는 개념을 갖고 있지 않던 고대 중국에서도 정부 관료의 부정부패를 감시하는 장치들은 있었다는 것이다. 한국의 경우도 조선 시대 암행어사나 신문고 같은 제도가 이런 기능을 했던 것이라고 볼 수 있다. 이 주장에서 알 수 있듯이 평가는 정치적 입장과 무관한 감시 권력이다.

박정희 체제와 전두환 체제 같은 군사독재의 경우에 이렇게 전문가를 중심으로 구성된 평가의 감시 권력이 '민주화'를 추동한 중요한 원동력이었다고 말할 수 있다. 한국에서 가장 강력하게 작동

---

17 Rosanvallon, 같은 책, p. 51.
18 Rosanvallon, 같은 책, p. 53.

했던 것이 경제성장 이데올로기였다는 것을 감안한다면, 경제 전문가의 평가는 아무리 독재 정부였다고 할지라도 수용할 수밖에 없었을 것이다. 특히 박정희 체제에서 국정 운영의 목표는 경제성장을 통해 북한에 대해 우월성을 확보하는 것이었다. 경제성장이 곧 공산주의에 승리하는 방법이라는 믿음이 박정희 체제를 지탱한 이데올로기였다. 따라서 박정희 체제에서도 경제 전문가의 평가는 무시할 수 없는 감시 권력의 역할을 했다. 또한 여기에 덧붙여서 간과할 수 없는 요소는 바로 미국이라는 거대한 전문가의 평가였다. 사회의 감시 권력 중에서 감찰과 폭로라는 요소가 제대로 발휘되지 못할 때도 미국을 비롯한 전문가 집단의 평가는 영향력을 발휘했다. 시민사회나 언론의 자유를 보장하지 않는 조건이라고 할지라도 전문가의 평가는 감시 권력의 역할을 수행하게 되는 것이다. 이것이 바로 근대화의 논리에 체현되어 있는 민주주의의 속성이다. 박정희 체제가 미국에 대한 이중적 태도를 취할 수밖에 없었던 것도 이 때문이었다. 체제 유지를 위해 경제성장을 추구해야 했지만, 그 결과 민주주의에 대한 요구도 드높아지게 될 수밖에 없었다. 이 딜레마를 해결할 수 있었던 독재자는 인류 역사상 존재하지 않았다.

한국은 짧은 기간 동안 이루어진 '민주화'를 통해 민주주의의 문제를 압축적으로 보여주었다. 민주주의가 이른바 사회의 감시 권력을 확립하는 과정이라는 사실도 다양한 사례에서 찾아볼 수 있다. 87년 체제에서 성장한 시민 세력의 참여로 노무현 정부가 선출되었을 때, '노사모'는 "이제는 감시"라는 구호를 외쳤다. 지금까지 '민주 정부'를 선출하기 위해 노력하던 시민 세력이 갑자기 그 민주주의를 통해 선출된 권력을 감시하는 집단으로 변화한다는 것은 이상할 법도 하다. 그러나 민주주의가 감시 권력의 문제라고 한다면, 그것에 충실한 것이 바로 '민주 시민'의 역할이다. 따라서 이런 논리는 당시 정점에 달했던 민주주의의 작동을 극적으로 증언해주는 사례라고 말할 수 있다. 이처럼 독재를 다수의 권력으로 대체하는 민주주의의 수립은 곧바로 반-민주주의에 대한 요구로 바뀐다. 이것이 바로 감시 권력을 핵심으로 간직하고 있는 민주주의의 본질이다.

3. 두 자유주의

자유주의의 '통치 기술'이 세계대전을 전후해서 위기에 봉착하고 그에 맞춰 등장한 신자유주의라는 대응책마저 또 다른 이행기를 맞이할 무렵에 한국은 자유주의의 시대를 맞이했다. 독재와 권위주의에 맞서 일정하게 급진성을 확보했던 한국의 자유주의는 자기 한계를 극복하지 못하고 위기에 봉착했다. 그리고 그 위기의 중심에서 박근혜 정부가 등장한 것이다.

***

1980년대를 돌아보면 한국의 정치사는 세계사의 축소판이라고 말해도 손색이 없을 것이다. 박정희 체제는 국가에 개인의 모든 것을 내맡기는 파시즘이었다. 국가에 개인을 완전하게 귀속시킴으로써 더 나은 사회로 나아갈 수 있을 것이라는 믿음이 팽배했던 시절이었다. 그러나 박정희 체제가 자체적인 모순으로 인해 붕괴하고 찾아온 1980년대는 자본주의와 사회주의라는 두 가지 가치가 대립했던 시기였다. 1987년 6월 항쟁은 사회주의 운동을 지향했던 학생운동의 급진성을 대중운동으로 전환시키는 역할을 했다. 이 과정에서 사회주의 이념은 점차 자유주의 이념에 밀려났던 것이라고 봐야 할 것이다. 가장 결정적인 계기는 현실 사회주의 또는 역사적 공산주의의 몰락이었다.

세계사적인 시각에서 공산주의 국가의 붕괴는 1989년 베를린 장벽의 해체라는 상징적 사건으로 나타났다. 베를린 장벽은 냉전 이데올로기의 산물이자 독일에서 발흥한 파시즘에 대한 처벌이었다. 이 장벽이 사라짐으로써 제2차 세계대전의 유산도 함께 소멸한 것이다. 그러나 역사적으로 공산주의 국가의 몰락이 곧바로 자본주의의 승리를 의미하는 것은 아니었다. 프랜시스 후쿠야마 Francis Fukuyama는 당시에 "역사의 종언"을 선언했지만, 역사는 그렇게 쉽게 끝나지 않았다. 공산주의 국가가 해체된 까닭은 자본주의의 우월성 때문이라기보다 체제 내의 비효율성으로 인해 더 이상 '인민'의 욕망을 충족시킬 수 없었기 때문이었다. 오히려 본질적인 문제를 가리고 있던 냉전 이데올로기의 장막이 사라짐으로써 자본주의의 현실이 본격적으로 부각되기 시작했다.

1987년 한국의 정치 상황에서 맺어진 '원탁회의'는 유럽식 다당제보다도 미국식 양당제를 선택했다. 돌이켜보면 그 이유는 단순했다. 당시 민주주의를 요구하는 시민의 저항을 통해 열린 정치적 공간은 야권 지도자들에게 '민주화'라는 명분으로 대통령의 자리에 오를 수 있는 절호의 기회였다. 물론 이런 결과가 개인의 야욕 때문인지 아니면 정치적 전망의 한계 때문인지 의견이 분분할 수 있지만, 1987년의 성과는 모두 '대통령 직선제'로 수렴되어서

'누가' 대통령이 되는지에 대한 '선택 아닌 선택'으로 한정되어버렸다. 민주주의가 자유롭고 다양한 선택이 가능하다는 환상은 여기에서 깨어진다. 물론 이것을 지금 현재의 한계로 보고 '더 많은 민주주의'를 요구하는 것은 정치 운동의 지속을 위해 타당한 전략이겠지만, 그렇다고 민주주의라는 정치체제의 모순 자체를 제거할 수는 없는 노릇이다. 오히려 이 모순이야말로 민주주의에 대한 요구를 지속시킬 수 있는 요인이라고 이해하는 것이 더 적절할 것이다.

결과적으로 이런 제도의 안착은 다양한 정치 세력의 경쟁을 통해 더 나은 방식을 선택하게 만드는 대화와 타협의 가능성을 축소시켜버렸다. 이른바 '87년 체제'라고 불리는 이 상황은 강력한 대통령제와 엘리트주의적인 의회제가 공존하는 한국형 민주주의의 구조이기도 하지만, 동시에 한국 사회의 불안정성을 증명하는 것이기도 하다. 결코 제도화할 수 없는 정치적 열망이 끊임없이 선거 과정을 통해 분출되고, 이것이 의회정치의 원칙을 뒤흔드는 일들이 지속적으로 반복해서 일어나게 된 것이다. 어떤 이들에게 이 상황은 한국의 '후진 정치'를 보여주는 끔찍한 것이겠지만, 달리 생각해보면, 일정한 균열을 내부에 간직한 채 자유주의와 민주주의를 하나로 묶어놓은 자유민주주의 정치체제의 근본 모순을 한국의 이런 정치 현실이 폭로한 것이라고 볼 수도 있을 것이다. 민주주의가 어떤 대통령을 선출할 것인지에 대한 문제로 축소되어버린 것은 한국의 정치 수준 탓이 아니라 민주주의가 선택의 문제일 수밖에 없다는 사실을 증명하는 사례일지도 모른다. 선택하는 것 이외에 다른 것을 선택할 수 없는 아이러니한 상황이 민주주의의 한계이다. 마치 '좋아요'만을 선택할 수밖에 없는 페이스북처럼 자유주의에 기반을 둔 '대의민주주의'의 문제가 '민주화'를 통해 본격적으로 드러나게 된 것이다. 장 자크 루소Jean-Jacques Rousseau가 이야기한 "일반의지general will"와 선출된 정부의 불일치, 다시 말하면, 모든 개인의 의지를 합친 것과 그것을 모두 재현할 수 없는 대의정치의 균열이 여기에서 발생한다. 모든 선출된 권력은 "일반의지"를 표방하지만, 이는 현실적으로 불가능하다. 한국은 이 사실이 외설적으로 드러나는 장소일 뿐이다.

"민주화와 자유주의"

여기에 대한 자세한 이야기는 조금 있다가 하기로 하고, 1980년대 이후 전개된 '민주화'가 어떻게 이런 자유주의에 대한 전면적 승인으로 나아가게 되었는지 알아볼 필요가 있다. 이런 변화는 반독재 전선에서 민주주의를 외쳤던 1980년대의 '투사'가 1990년대의 '자유주의자'로 이행 또는 대체되는 과정이었다. 독재 권력과 직접적으로 충돌해본 경험을 가졌다는 점에서 이른바 386세대는 민주주의의 원리를 구현하고 있는 대표적인 시민 세력이라고 할 수 있다. 이들을 486세대라고 고쳐 부르는 이들도 있는데, 386세대로 부르는 것이 적절하다고 본다. 왜냐하면 386세대라는 말 자체가 당시 시대 상황에서 60년대에 태어나 80년대에 대학을 다닌 대학생들을 세대 표준으로 삼아 부여한 명칭이기 때문이고, 이들이 성장해서 30대였을 무렵에 중요한 사회 변화가 일어났고 역시 이 과정에서 무시할 수 없는 역할을 했기 때문이기도 하다. 현재 생물학적 연령이 40대라고 하더라도 사회적 정체성은 여전히 30대에 머물러 있는 것이라고 볼 수도 있겠는데, 왜냐하면 특정한 사건을 계기로 형성된 정치 세력은 일정한 윤리적 가치를 규범으로 삼고자 하기 때문이다.

윤리적 가치는 공동체를 구성하는 기본적인 체제의 논리를 제공한다. 차원을 넘나들었던 감각은 윤리적인 규범에 따라 가지런하게 상자에 담긴다. 이것이 바로 사회의 구성이다. 이런 의미에서 87년 체제를 만들어낸 주역이기도 했던 386세대의 윤리는 지금 현재 한국에서 반-민주주의 권력을 구성하고 있는 '시민-사회'의 정체성을 이해하기 위해 한번쯤 짚어보아야 할 것이다. 때로 '꼰대'라고 비난받기도 하는 386세대가 표방하는 윤리는 개인적인 것이라기보다 공동체적인 것이다. 이 윤리를 설명해줄 수 있는 가장 가까운 개념이 '공동체주의Communitarianism'일 것이다.[19] 공동체주의가 강조하는 것은 개인과 공동체의 관계성이다. 개인의 특성을 결정짓는 것이 공동체라는 인식이다. 공동체는 역사와 이해관계를 공유하고 있는 집단이다. 이런 관점에서 본다면 1980년대는 공동체주의의 시대였다고 조심스럽게 말할 수 있다. 이러한 공동체주의는 자유주의와 일정하게 대별된다. 마이클 왈저Michael Walzer는 자유주의와 공동체주의를 이렇게 구분한다.

자유주의는 사회 이전의 자아, 즉 사회에 맞서 홀로, 때로는 영웅적으로 싸우며, 이 싸움이 시작되기 전에 완전히 형성되어 있는 개인의 개념에 기반을 두고 있다고 대개 말한다. 그러면 공동체주의 비판가들은, 첫째, 불안정과 분열이 그런 종류의 개인이 가져오는 실제의 실망스러운 효과이며, 둘째, 그런 종류의 개인은 실제로는 있을 수 없다고 주장한다. 다른 한편 이 비판가들은 처음부터 사회와 얽혀 있어 그 자체가 사회적 가치를 구현하고 있기에 결코 사회와 "맞서 싸

---

19 공동체주의는 개인과 공동체의 연결을 강조하는 철학 사상으로 개인의 이해관계보다 공동체를 우선에 두는 입장이다. 공동체 없이 개인은 존재할 수 없다는 것이 요지이다. 공동체주의는 가정과 학교 그리고 농촌 공동체가 전통적 가치 이념에 근거해서 구성되어야 한다고 주장한다. 개인에게 무한한 자유를 허락했을 때, 그 결과로 사회의 공공성과 질서가 무너질 수 있다고 우려하는 것이 특징이다. 개인이 자신의 자유를 너무 강하게 주장하면 연대적 책임 의식, 도덕성, 사회질서에 심각한 문제를 초래할 수 있다는 생각이 깔려 있다. 이른바 386세대의 '꼰대성'은 이런 공동체주의의 영향 때문이라고 볼 수 있다.

울 수" 없는 철저하게 사회화된 자아를 믿고 있다고 대개 말한다.[20]

물론 이 둘의 입장을 명확하게 구분해서 누가 옳다는 것을 판정하는 것은 쉬운 일이 아니다. 왈저에 따르면, 현실에 근거해서 자신의 주장을 정교하게 발전시키면 두 주장 모두 수긍할 만하고, 실제로 자유주의자도 사회 이전의 자아를 인정하지 않고, 공동체주의자도 오직 사회화가 모든 것이라고 말하지도 않는다고 한다. 어쩌면 당연한 이야기일 것이다. 흥미로운 것은 왈저가 말하는 변형된 자유주의의 입장이다. 이 입장은 "자신의 사회화를 지배해온 가치들을 비판적으로 반성할 수 있는 능력을 가진 자아를 주장"한다는 것이다. 여기에서 중요한 것은 바로 '비판적으로 반성할 수 있는 능력을 가진 자아'가 자유주의가 제시하는 삶의 목표이다. 그러나 이런 자유주의라고 해서 문제가 없는 것은 아니다. 왈저는 계속해서 이렇게 주장한다.

자유주의에 대한 가장 훌륭한 이해는 자유주의는 자발적 연합을 중심으로 하며 자발성을 단절과 탈퇴의 권리로 이해하는 관계의 이

---

20 마이클 왈저, 《마이클 왈저, 정치철학 에세이*Thinking Politically: Essays in Political Theory*》, 데이비드 밀러 엮음, 최홍주 옮김, 모티브북, 2009, 227쪽.

론이라고 보는 것이다. 결혼의 자발성을 구성하는 것은 지속적인 이혼 가능성이다. 모든 정체성과 소속의 자발성을 구성하는 것은 다른 정체성과 소속을 쉽게 가질 수 있는 가능성이다. 그러나 이 쉬움이 쉬울수록 우리의 모든 관계는 더 불안정해지기 쉽다. 네 가지 이동성이 정착됨에 따라 사회는 끊임없이 움직이고 있는 것 같고, 그 결과, 자유주의 현실의 실제 주관은 사회 이전의 자아가 아니라, 가장 일시적이고 제한적인 제휴 이외의 모든 것으로부터 결국은 해방된, 사회 이후의 자아라고 말할 수 있게 되었다. 그런데 이 자유주의의 자아는 자유주의 사회의 분열을 반영한다.[21]

말하자면, 이 자유의 문제는 언제나 불안정하다. 공동체주의는 이 불안정한 상태를 비판한다. 자유주의는 자유와 창조를 말하지만, 그것이 결코 인간의 조건일 수가 없다는 것이다. 그래서 왈저는 공동체주의를 통해 불안정과 해체라는 자유주의의 경향을 수정해야 한다고 주장하는 것이다. 자유주의와 공동체주의는 이처럼 상호 보완 또는 비판적인 기능을 수행한다고 할 수 있는데, 한국 역시 마찬가지였다. 1980년대를 풍미했던 공동체주의적인 경향성은 1990년대 자유주의의 개화로 이어졌다. 둘은 서로 다르기

---

21 마이클 왈저, 같은 책, 228~229쪽.

에 불가분의 관계를 이루고 있다는 것이 증명되는 것이다. 그러나 왈저의 이 주장 가운데 주의해서 들어야 할 대목이 있다. 왈저가 이야기하는 자유주의가 지금 한국에서 받아들이고 있는 그 자유주의인지 물어봐야 하는 것이다. 한국에서 자유주의라는 말이 남용된다고 개탄하는 이들도 없지 않지만, 자유주의 종주국이라는 곳에서 이 용어의 쓰임새를 놓고 갈팡질팡하기 일쑤라는 것도 부정할 수 없다. 그만큼 어려운 정치 용어가 바로 자유주의이다.

"자유주의란 무엇인가"

왈저가 말하고 있는 자유주의는 미국의 정치 문화에서 논의되고 있는 용어법에 가깝다. 유럽에서 통용되고 있는 자유주의라는 용어와 다소 다르다는 것을 감안해야 한다. 원래 고전적인 의미에서 '자유주의'는 정치적 합의, 제한적 정부, 사유재산의 보호, 기회의 균등 따위를 믿는 입장을 지칭한다. 이런 믿음의 전제는 개인적 권리에 대한 절대적인 옹호이다. 그러나 오늘날 미국에서 일컬어지는 '자유주의자들liberals'은 정의와 평등을 실현하는 정부의 역할을 긍정하고, 사유재산의 권리뿐만 아니라 시장경제의 결점을 통제하기 위한 규제의 필요성을 인정한다.[22] 이들이야말로 왈저가 말하는 "변형된 자유주의"를 보여주는 사례일 것이다. 정의와 평등을 실현하는 정부의 역할을 긍정하는 새로운 자유주의자들은 더 좋은 교육과 주거 환경, 충분하고 안정된 의료 혜택, 능력에 따라 세금을 내는 공정한 조세제도를 정치적 목표로 설정한다. 이런 측면에서 더 이상 자유주의는 '계급 정치'의 관점에서 일방적으로 우파라고 부르기 어렵다는 것이 요즘 정치학자들의 주장이다. "자유주의야말로 표준적인 좌파/우파 정치 모델의 구분에 의문을 제기해야 하는 최상의 이유"라는 말이다.[23]

실제로 오늘날 정치적 지형도에서 본다면 자유주의는 고전적인 입장에서 많이 벗어나서 급진적인 사회 변화를 지지하는 태도를 보여주기도 한다. 한국의 경우도 이런 자유주의의 급진성을 어렵지 않게 확인할 수 있다. '민주화'를 추동한 도시중간계급이라는 '정치적 주체'야말로 급진적 자유주의 세력이라고 불러도 손색이 없지 않을까. 물론 여기에 한몫을 차지하고 있는 세력이 바로 386세대일 것이다. 그러나 앞서 지적했듯이, 386세대 대다수의 윤리는 공동체주의에 더 가깝다. 이런 공동체주의를 통해 한때 사회주의 또는 급진적 민족주의에 경도되어 있었던 386세대가 개인의 권리와 사유재산을 옹호하는 자유주의의 입장과 결합할 수 있었

---

22 Duncan Watts, *Dictionary of American Goverment and Politics*, Edinburgh: Edinburgh University Press, 2010, p. 176.

23 David Robertson, *The Routledge Dictionary of Politics*, London: Routledge, 2004, p. 284.

던 것이다. 386세대의 변화가 말해주는 것은 무엇일까. 자유주의 이외에 다른 대안은 이제 '쓸모'가 없거나 아니면 공허한 이상론이 되어버렸다는 의미이기도 할 것이다. 바야흐로 386세대는 혁명주의를 버리고 1980년대의 경험에 근거해 '불안정한 정치'를 지양할 수 있는 완벽한 '통치 기술the art of governing'의 완성을 '진보'라고 믿는 경향에 힘을 보태게 되었다. 이것이 바로 복지국가론이라고 할 수 있다.

복지국가론의 반대편에 있는 이른바 '보수'의 주장은 대체로 시장주의에 가까운 것으로 분류한다. 그러나 복지국가론이든 시장주의든, 둘은 자유주의라는 같은 뿌리에서 나왔다. 전자가 앞서 이야기한 "변형된 자유주의"라면 후자는 원본 자유주의이다. 푸코에 따르면, 18세기 후반에 "최소 정부"가 정치의 목적으로 등장하면서 '통치 기술'에 근본적인 변화가 일어난다. 푸코는 이것을 "자유주의의 통치성"이라고 불렀다. 푸코는 '경제적 자유'를 자유주의의 핵심으로 파악하면서 '시장의 자유'와 등치시킨다. 정치의 목적이 경제를 발전 또는 안정시키는 정치경제학의 문제가 되었다는 것은 엄청난 변화이다. 경제가 나빠지면 정부의 잘못으로 간주될 것이기 때문이다. 과거에 통치의 문제는 경제에 있는 것이 아니라 인구와 영토를 유지 보전하는 것에 있었다. 17세기까지 인구와 영토는 주권자의 권위와 국가의 부를 결정하는 중요한 요소였다. 그러나 18세기에 이르면 상황은 달라진다. 인구는 더 이상 주권 권력의 상징으로 여겨지지 않고 "역동성의 원천"으로 받아들여진다.[24] 이 역동성은 말할 것도 없이 자유로운 개인의 경제활동일 것이다. 물론 자유주의가 등장하기 전에도 시장은 존재했다. 그러나 자유주의는 시장을 전혀 다른 차원으로 승격시켰다.

"자유주의 이전과 이후의 시장"

중세와 르네상스 시기에 시장은 '정의justice'의 장소였다. 여기에서 '정의'라는 것은 공정하다는 뜻이다. 어원에 따르면 '정의'라는 말은 서로에게 손해를 끼치지 않는 거래를 의미했다. 자유주의 이전에 시장의 개념이 '정의'의 장소였다는 것은 그만큼 공정한 거래를 위한 규제가 강력하게 작동했다는 뜻이다. 절도나 사기 같은 범죄를 방지하는 것은 물론, 부당한 가격이나 거래에 적절하지 않는 물건의 반입을 막아야 했다. 식료품과 같은 기본적인 생산물을 구할 수 있는 것은 물론이고 가난하든 부유하든 필요한 물건을 공평하게 살 수 있다는 점에서 시장은 "분배의 정의가 실현되는 특

---

24 Michel Foucault, *Security, Territory, Population: Lectures at the College de France 1977–78*, trans. Graham Burchell, London: Palgrave, 2007, p. 96.

권적인 장소"여야만 했다.[25] 이런 시장에서 중요한 것은 '가격'이라기보다 거래의 공정성이다. 말하자면, 물건을 속여서 파는 '사기꾼'이 없어야 했던 것이다. 규제의 목적은 가능한 한 좋은 물건을 유통시키는 것을 장려하는 한편, 절도나 사기 같은 범죄행위를 근절시키는 것이었다. 이 때문에 시장은 범죄의 시시비비를 가린다는 측면에서 사법의 장소이기도 했다. 그러나 자유주의는 '정의'의 장소로 받아들여졌던 시장을 전혀 다른 범주로 변화시켰다. 시장은 예측 불가능한 메커니즘을 가진 "자연적인 것"으로 받아들여지면서 '진리truth'의 장소로 탈바꿈했다. 규제의 대상이었던 '가격'도 '신비한 시장의 작동'을 통해 만들어진 '자연의 산물'인 양 간주되었다. 이와 같은 시장 개념의 변화가 정부에 대한 이해를 완전히 바꿔놓았다는 것이 중요하다.

시장이 '정의'의 장소일 때 정부는 범죄를 단속하는 경찰 노릇에 충실하면 임무 끝이다. 그러나 시장이 '진리'의 장소라고 한다면, 행여 이 '진리'에 부합하지 못했을 때 오히려 정부가 비판의 대상으로 전락하는 것이다. 앞서 논의했던 '불신'의 원천이 여기에 있다고 볼 수도 있겠다. "좋은 정부가 되려면 진리에 따라 정부가 기

---

25 Michel Foucault, *The Birth of Biopolitics: Lectures at the College de France 1978-79*, trans. Graham Burchell, London: Palgrave, 2008, p. 30.

능해야 한다는 것을 시장이 의미"하게 되었다.[26] 결과적으로 자유주의의 '통치 기술'은 시장의 '진리'를 따르는 정부의 기능을 지칭한다. 정부 운영과 경제를 결합시키는 정치경제학이 '국정 철학'으로 들어서게 되는 것이 이런 까닭이다. 이로써 정치의 목적은 경제의 발전 내지 안정에 있다는 자유주의의 정언명령이 완성된다. 과거에 시장이 사법적 판단의 장소였다면, 이제 자유주의의 세례를 받은 시장은 정부의 잘잘못을 가리는 "진리 선고"의 장소이다. 물론 여기에서 말하는 '진리'라는 것은 자유주의의 입장에서 발명된 시장의 '진리'이다. 푸코가 역사적으로 시장의 의미 변화를 분석한 이유도 이런 '진리'의 허구성을 증명하기 위한 것이다. 자유주의가 전제하는 시장의 '자연성' 또는 '진리'라는 것은 개인적 경제활동의 자유를 사상의 중심에 놓았던 자유주의의 발명품이라는 것이 푸코의 생각이다. 말하자면, 역사적인 과정에서 언제든 소멸할 수 있는 운명에 처해 있는 것이 바로 이런 '진리'인 것이다.

따라서 중요한 것은 '진리'라기보다 어떤 무엇을 '진리'이게 만드는 요인이라고 할 수 있다. 이것을 푸코처럼 '담론'이라고 부르든 아니면 좀 더 알려진 용어로 '이데올로기'라고 부르든, 자유주의가 말하는 시장의 '진리'는 자연적인 것처럼 위장하고 있지만,

---

26 Foucault, 같은 책, p. 32.

실제로는 그렇지 않다. 물론 이 사실을 확인했다고 끝나는 것은 아니다. 시장의 '진리'가 허구라는 사실을 아는 것이 문제라기보다, 그 허구를 중심으로 만들어진 자유주의 정부의 '통치 기술' 자체가 거부할 수 없는 현실성이라는 것이 문제이기 때문이다. 계몽주의자라면 가짜를 가짜라고 밝히는 순간 모든 이들이 자연스럽게 진짜를 인식할 것이라고 믿을 것이다. 그러나 사실은 다르다. 그렇게 인식한들 여전히 가짜가 진짜 노릇을 한다. 왜냐하면 허구를 중심으로 만들어진 현실성이 있기 때문이다. 이 현실성의 작동 방식에 대해 생각하는 것이 중요하다. 시장을 절대화하는 자유주의의 경향은 정부에 대한 '불신'을 내적 논리로 잉태할 수밖에 없다. 좋은 정부와 나쁜 정부를 구분하는 기준이 바로 시장이기 때문이다. 이런 의미에서 시장은 '진리'의 장소로 받아들여지게 된다. 그러나 중요한 것은 이 시장의 '진리'는 도대체 알 수 없는 예측 불허의 메커니즘을 가지고 있다. 이런 까닭에 자유주의의 '통치 기술'은 언제나 위기에 처할 수밖에 없다. 이 문제가 핵심이다.

자유주의가 이상으로 내세우는 정부는 시장의 '진리'를 침해하지 않는 '최소 정부'이다. 시장에 대한 무한한 자유를 허락하며 자기 스스로를 제한하는 검소한 정부야말로 자유주의의 이상이다. 그런데 이렇게 되었을 때 또 다른 문제가 발생한다. 푸코가 지적하듯이 정치경제학에 조응하는 공공의 법에 대한 고민이다.[27] 과거

시장에 대한 규제가 법의 주요 기능이었던 반면, 이제 시장의 경제활동에 사법적으로 개입할 수 없는 조건에서 공공의 권력을 실행하기 위한 법은 어떤 근거에서 마련되어야 하는 것인지 애매하기 그지없는 것이다. 이 근거를 찾는 방식에서 자유주의는 두 갈래로 나뉜다.

"자유주의의 두 갈래"

푸코가 정리하듯이, 하나는 루소처럼 "모든 개인에게 속해 있는 자연적이고 기원적인 권리"를 통해 "어떤 조건에서, 어떤 이유로, 그래서 어떤 이상이나 역사적 절차를 통해" 그 권리를 제한하거나 인정할지 결정하려는 태도이다. 또 다른 하나는 "정부의 운영에 대한 고찰에서 출발해 이런 통치성을 구성할 수밖에 없는 현재적 한계라는 측면에서 그것을 분석"하고자 하는 태도이다.[28] 푸코는 전자를 혁명적revolutionary 접근으로, 후자를 급진적radical 접근이라고 명명한다. 천부인권사상을 염두에 둔다는 점에서 혁명적 접근은 자연법에 따른 개인의 권리를 정부보다 우선순위에 두

---

27 Foucault, 같은 책, p. 38.
28 Foucault, 같은 책, p. 40.

는 입장이다. 통치성의 한계를 개인의 권리로 설정해서 이를 보장하지 못하는 정부는 없애버려야 한다는 논리가 가능하다. 다시 말해서, 개인의 권리가 정부의 합법성을 보장하는 것이다. 한편, 급진적 접근은 오늘날 생각해보면 전혀 급진적이지 않을지도 모르는 효용성utility에 초점을 맞추는데, 벤담을 비롯한 영국의 공리주의자들이 여기에 해당한다. 여기에서 급진적이라는 말은 '정부나 통치성에 대해 효용성이 있는가 없는가 끊임없이 질문을 던진다'는 의미를 내포하고 있다. 이렇게 계속 효용성에 근거해서 질문을 던진다는 점에서 급진적인 것이다. 공리주의는 '통치 기술'이고, 공공의 법이라는 것은 무한한 정치의 목적을 제한하려는 사법적인 기술이다. 이런 면에서 공리주의는 일정하게 전통적인 의미에서 개인의 권리를 자연법의 영역에 놓는 혁명적 자유주의의 입장과 차이를 드러낸다.

루소에게 법이란 의지의 표현이고 이런 의지란 것은 자명한 근거였다. 그러나 의지의 문제는 앞서 언급했듯이, 언제나 개인의 의지와 일반의지 사이에 가로놓여 있는 불일치이다. 의지의 표현으로 실행되는 법은 양도된 개인의 의지들이다. 이런 대의 또는 대표의 문제를 해결할 수 없다. 공리주의는 개인과 법을 서로 떼어놓음으로써 이런 한계를 해결하려고 한다. 이런 입장에서 개인은 정부로부터 완전히 독립적인 존재이다. 이 독립성을 보장하는 것이 사법이다. 모든 개인은 법을 통해 자유를 보장받는다. 개인의 자유가 법으로 보장받지 못할 때, 그 법은 나쁜 법이라는 논리도 가능해진다. 따라서 자유라는 것은 개인의 기본 권리의 실행이라기보다 정부로부터 분리되어 있는 개인의 독립성이다. 통치와 피치의 관계가 멀면 멀수록, 다시 말해서 정부의 영향력이 개인으로부터 배제되면 배제될수록 공리주의의 이상이 실현되는 것이다. 푸코는 이것을 유럽 자유주의의 기원이자 특징이라고 말하는데, 역사적 과정을 거치면서 두 자유주의는 서로 삼투하면서 복합적인 양상으로 변화했다고 할 수 있다. 특히 자유주의를 '수입'하는 처지에 있었던 한국의 경우 이런 양가적 특징들이 딱히 구분하기 어려울 정도로 뒤섞여 있다는 생각이다.

"자유주의의 양가성과 386세대의 전향"

여기에 제2차 세계대전 이후 자유주의의 위기와 함께 본격적으로 등장한 신자유주의와 미국의 정치 문화에서 거론되는 '변형된 자유주의'까지 가세하면 자유주의는 하나의 범주로 묶어내기 곤란할 정도로 다양하게 변주되었다고 볼 수 있다. 그런데 이렇게 다양한 자유주의의 특징들을 감안하고 한국의 사정을 들여다보면 흥미로운 사실이 드러난다. 한국의 경우에 대체로 '진보'로 분류되어왔던 입장이 '통치 기술'의 합리화 또는 세련화를 요구하는 공리주의에 가깝다는 사실 말이다. 386세대가 대표적으로 이런 변화를 보여준다. 이 세대는 1980년대에 사회와 국가의 변화를 통해 개인의 권리를 보장받아야 한다는 혁명적 입장을 취하다가 '민주화' 이후에 제도의 합리화를 요구는 입장으로 바뀐다. 이런 386세대의 '전향'을 어떻게 이해해야 할까. 1980년대를 마르크스주의의 전성기로 생각하는 이들이 많지만 현실은 이런 낭만적 회고와 다른 것이었다. 여전히 그 시대에도 주류는 자유주의였다고 말할 수 있다. 사회주의가 자유주의와 나란히 경쟁하는 대안적 가치로 대접받긴 했지만, 그렇다고 자유주의에 대해 압도적인 우위를 점했다고 말하기 어렵다. 당시에 '민주화' 운동은 그 명칭에서 알 수 있듯이 개인의 권리를 중심으로 정부를 재구성하자는 요구에 가까웠다. 1980년대는 혁명적 자유주의의 시대였다고 말하는 것이 더 실체에 가까운 규정일 것이다. 이런 자유주의의 문제는 복합적이고 양가적이다.

독재 체제에서 개인의 권리를 옹호하는 자유주의는 확실히 저항의 이념으로 작동할 수 있었다. 자유주의의 핵심이라고 할 수 있는 '경제적 자유'를 보장하는 시장의 '진리'만을 주장하더라도 독재 체제와 각을 세울 수 있었다. 시장의 '진리'에 부합하지 않는 독재 체제는 경제를 발전시키거나 안정시킬 수 없다는 논리가 가능한 것이다. 그렇다면 이런 독재 체제를 어떻게 변화시켜야 할 것인지 다양한 논의가 가능했던 것이고, 사회주의도 대안적 가치로서 조심스럽게 논의되었던 것이다. 그러나 현실 사회주의 국가가 붕괴하고 그 실상이 알려지면서 더 이상 사회주의는 대안적 가치 노릇을 할 수 없게 되었다. 당연히 자유주의의 이상이 유일한 정치 이념으로 부상했고, 1990년대에 자유주의는 바야흐로 전성기를 맞이했다고 할 수 있다. 독재 체제가 사라진 조건에서 자유주의의 문제는 합리적인 '통치 기술'을 정립하는 방향으로 맞춰졌다. 당연히 '먹고사니즘'으로 표현되는 경제를 위한 '합리적인 정부'가 필요했다. 김대중 정부와 노무현 정부의 출현은 어떻게 보면 이런 '공리주의적 전환'의 결과물이었다. 자유주의에 내재된 양가성 덕분에 혁명적 자유주의는 쉽사리 공리주의적인 '통치 기술'로 흡수될 수 있었을 것이다. 게다가 독재 체제가 남긴 유산에 대한 반대급부로 공리주의는 여전히 일정하게 급진적인 입장에 속하기도 했다. 공리주의의 입장에서 정부의 권위주의를 비판하는 것이 유효했던 셈이다. 그러나 이런 자유주의의 '통치 기술'은 결코 달성될 수 없을 뿐만 아니라 그 내부의 모순으로 인해 실패할 수밖에 없다. 경제적 자유를 보장하는 '최소 정부'라는 환상은 역설적으로 '정부 없는 개인의 가능성'이라는 엉뚱한 진리를 폭로한다. 효용성을 중심에 놓고 끊임없이 질문하는 공리주의는 '도대체 정부는 쓸모 있는 것인가'라는 근본 문제를 제기하는 것이다. 공리주의의 논리에 따르면 정부는 효용성을 가지지 않을 때 효용성을 가진다는 모순에 빠진다. 반독재 투쟁을 펼쳤던 386세대를 비롯한 '민주화' 세력이 신자유주의와 쉽게 손을 잡게 되었던 것은 이런 모순을 정치 문제가 아니라 경제 문제로 보았기 때문일지도 모른다.

푸코는 국가를 '빅브라더'로 보는 오웰적인 상상력과 18세기 유럽에 만연했던 독재에 대한 공포를 연결시키고 있는데, 비슷한 상황이 '민주화' 이후 한국에서 발생했던 것이라고 볼 수 있다. 독재에 대한 공포가 정부에 대한 불신을 낳았고, 결과적으로 '최소 정부'와 '경제적 자유'를 강조하는 자유주의가 설득력을 확보할 수 있었다. 이른바 '기러기 아빠'로 사회적 관심을 끌었던 '조기 유학 열풍'은 국가가 제공하는 공교육에 대한 불만이 표출된 것으로, 다분히 자유주의의 영향을 읽을 수 있는 사례라고 하겠다. 이런 의미에서 1987년 이후 전개된 한국의 '민주화'는 자유주의의 커밍아웃이라고 볼 수 있고, 이 과정에서 자유주의에 장애로 작용했던 독재, 사회주의, 민족주의, 공동체주의가 차츰 힘을 상실해갔다고 할 수 있다. 효용성을 중심으로 정부의 권위주의를 공격하는 것은 '진보'의 특권에 속했는데, 2002년 노무현 정부가 등장하면서 이런 분위기는 절정에 달했다. '진보'를 도덕성의 측면에서 우월한 집단으로 받아들이는 분위기와 효용성을 판단의 척도로 삼는 것은 어딘가 어울리지 않는 것 같지만, 고전적 자유주의의 관점에서 도덕성은 '공동선'을 추구하는 능력의 탁월성과 연루된다는 점에서 완전히 틀린 조합은 아닌 것 같다. 오늘날 우리가 즐겨 쓰는 도덕성의 의미는 근대 유럽의 산물이다. 근대 유럽에서 도덕성이라는 범주는 "종교적 교리나 규율이 서로 다른 사람들 사이에서 발생하는 분쟁의 문제를 해결하기 위한 대책"으로 개발되었다.[29] 말하자면, 공동체의 이해관계를 저해할 수 있는 개인의 지나친 이익 추구를 제한하기 위해 도덕성의 범주가 강조되었던 것이다. 한국의 '진보'가 도덕성을 강조하면서 개인의 지나친 이익 추구를 견제하는 것은 여전히 잔류하고 있는 386세대의 공동체주의 덕분이기도 하겠지만, 또한 자유주의 본연의 논리에 구현되어 있는 도덕성에 대한 문제의식 때문이기도 한 것이다.

"급진적 자유주의 운동과 잃어버린 10년"

여하튼, 2002년 노무현 정부의 등장은 본격적인 자유주의의 부흥기를 예고하는 것이었다. 이 기간 동안 자유주의는 정치적 이념

---

29 Stephen Darwall, *The British Maralists and the Internal 'Ought': 1640–1740*, Cambridge: Cambridge UP, 1995, p. 4.

으로 복권되었고 '진보'라는 본래의 속성을 되찾았다. 이 시기를 기점으로 '민주화' 이후에 '진보'로 불리어온 일정한 정치 세력은 마르크스주의보다도 자유주의에 더 깊이 공감하게 되었다. 마르크스주의는 자유주의의 우월성을 증명하기 위한 실패 사례로 회고적으로 거론될 뿐이었다. 당연히 베를린 장벽의 붕괴 이후 실상이 낱낱이 알려진 사회주의는 더 이상 대안일 수 없었다. 과거 마르크스주의의 세례를 받았던 이들은 희미하게 북유럽의 사회민주주의를 언급하면서 아직까지도 '사민주의자'를 자처하고 있지만, 이들 역시 정치적 전망에서 기존에 '진보'로 분류되어왔던 급진적 자유주의와 크게 변별성을 보여주지 못하고 있다. 놀랍게도 다음과 같이 존 스튜어트 밀의 주장과 한국의 '진보'가 표방해온 가치는 전혀 충돌하지 않는다.

발전의 정신이 언제나 자유의 정신인 것은 아니다. 왜냐하면 그것은 원하지 않는 사람들에게도 발전을 강제하기 때문이다. 그래서 그런 시도에 항의하는 한에서 자유의 정신은 시간과 장소를 가리지 않고 발전의 반대편과 연합할 수도 있다. 그러나 오직 실패하지 않고 영원한 발전의 원천은 자유이다. 왜냐하면 그것을 통해서 마치 개개인들이 그러한 것처럼 많은 가능한 발전의 중심들이 존재할 수 있기 때문이다. 그러나 진보의 원리는, 둘 중 어떤 모양이든,

자유를 사랑하든 발전을 사랑하든 가리지 않고 관습의 전횡에 대해
적대적이다.[30]

밀의 진술에서 중요한 것은 발전을 우선시하든 자유를 우선시
하든, 자유주의의 급진성은 관습에 대한 저항에 있다는 사실일 것
이다. '민주화' 이후에 '진보'의 개념은 다분히 이러한 자유주의의
영향 아래 놓여 있었다. 강준만을 위시해서 1990년대에 대거 등장
한 자유주의 지식인들은 386세대의 공동체주의를 자유주의로 대
체하는 역할을 했다. 공공연한 고종석의 자유주의자 선언은 과거
에 금기시되었던 개인의 쾌락에 정당한 권리를 부여하는 정치적
행위이기도 했다. 이런 개인적 실천과 더불어 자유주의가 궁극적
으로 지향하는 시장의 '진리'가 독재의 유산 또는 관습을 청산하기
위한 효용성의 척도로 제시되었다. 시장은 '진보'의 상징이었고,
합리적인 정부는 이 시장의 원리를 잘 구현한 '통치 기술'을 가지
고 있어야 했다. 선거가 정치인을 뽑는 것이 아니라 경제를 발전시
킬 수 있는 행정가를 선출하는 것이라는 논리가 설득력을 얻기 시
작했다. 민주주의에 대한 이해도 이러한 자유주의의 렌즈를 통과

---

30 John Stuart Mill, *Utilitarianism and On Liberty*, ed. Mary Warnock, Oxford: Blackwell, 2003, p. 147.

한 결과였다고 할 수 있다. 이런 의미에서 로장발롱이 말했던 '시민 감시'의 민주주의는 궁극적으로 시장의 '진리'를 전제하는 것이었다. 선출된 민주주의에 대한 불신도 결과적으로 시장과 정부의 괴리로 인해 발생한다는 것은 분명 의미심장한 문제이다.

정통 마르크스주의의 입장에서 본다면 이런 자유주의의 약진은 자본주의의 '야만화'와 관련되어 있는 것이겠지만, 푸코도 지적하듯이 반드시 자유주의와 자본주의의 발전이 일치하는 것은 아니다. 말하자면, 정치경제학을 '국정 철학'으로 삼는 자유주의의 이상이 자본주의의 발전을 통해 실현되는 것이 아니라는 뜻이다. 자유주의의 '통치 기술'과 자본주의 사이에 일정한 괴리가 존재하는 것이고, 이 때문에 자유주의는 그 내재적인 모순, 다시 말해서 정부의 '통치 기술'을 끊임없이 시장의 '진리'로 검증해야 한다는 문제를 항상 품고 있을 수밖에 없다. 따라서 자유주의는 자본주의의 재현이라기보다 예측불가능한 자본주의의 역동성에 대한 대응이라고 보는 것이 옳다. 온갖 기술을 동원해서 자본주의 경제를 '합리화'하려고 하지만, 결과적으로 자유주의의 '통치 기술'이 성공적이었다고 말하기는 어렵다. '민주화' 이후에 등장했던 이른바 '민간 정부'가 어떤 문제점들을 노정시켰는지 굳이 설명하지 않아도 알 수 있는 일이다. 자유주의는 정치를 다루는 문제이다. 이 정치를 구성하는 것은 이익을 중심으로 형성된 이해관계이다. 자유주의는 훨씬 복잡한 현상을 만들어낸다. 독재적 주권자가 인구나 영토 또는 사물을 직접적으로 관장한다라면, 자유주의는 정치를 통해 이해관계를 조정하는 체계를 만들어내고자 한다.

그러나 푸코에 따르면, 18세기 이래로 유럽에서 시작된 자유주의의 '통치 기술'은 20세기에 이르러 난관에 봉착하고, 그 결과 자본주의의 위기에 따른 대응책이 자유주의의 정언명령을 위반하게 된다. '최소 정부'를 주장하면서 시장의 '진리'를 이야기했던 자유주의는 퇴색하고, 미국의 뉴딜과 같은 복지 정책이 등장한다. 물론 복지 정책의 명분은 실업으로 인해 개인의 자유를 침해당하지 않아야 한다는 것이었다. 평등과 자유를 필요충분조건으로 파악하는 밀의 주장에서 이미 이런 생각을 발견할 수 있다. 그러나 개인의 자유를 보장하기 위해 지불해야 하는 비용은 시장의 '진리'를 침해하지 않는 한 마련할 수 없다. 자유의 확대가 민주주의의 문제라고 했을 때, 오히려 민주주의를 위해 정부가 개입할 수밖에 없는 상황이 벌어진 것이다. '최소 정부'에 기초한 자유주의의 '통치 기술'이 결코 모든 자유를 구현할 수 없다는 것이 자동적으로 증명되어버리는 셈이다. 이런 까닭에 후일 마거릿 대처Margaret Thatcher와 같은 신자유주의 정치인이 시장의 적으로 복지국가를 지목한 것은 어쩌면 당연한 일인지도 모른다. 개인의 자유와 만인의 평등 또는 자유주의와 민주주의가 충돌한다는 것은 이미 존 로

크John Locke 같은 초기 사상가의 주장에서도 발견할 수 있는 문제이다. 로크는 사유재산을 옹호하면서 민주주의를 지지하지 않았지만, 그럼에도 시민이 동의해준 권력만이 주권을 행사할 수 있다고 못 박았다. 군주제에 대항하기 위해서 인민의 편에 선다는 것은 앞서 인용한 밀의 주장을 떠올리게 만든다. '민주화'의 과정에서 자유주의가 자연스럽게 '진보'의 헤게모니를 쥘 수 있었던 것도 이렇게 끊임없이 정부에 대해 질문을 제기하는 자유주의의 급진성 때문일 것이다. 나는 이런 과정을 충분히 한국에서 발생한 '급진적 자유주의 운동'이라고 지칭할 수 있다고 본다.

그러나 불행하게도 '급진적 자유주의 운동'의 황금기는 10년 이상을 지속하지 못했다. 한국의 '보수'가 즐겨 내세웠던 '잃어버린 10년'은 이런 '급진적 자유주의 운동'에 대한 다분히 악의적인 해석이었다. 실제로 세계적인 국면에서 자유주의의 영향력이 퇴조하던 그때, 아니 정확하게 말하면, 18세기에 처음 발명된 뒤에 지속적으로 작동해왔던 자유주의의 '통치 기술'이 세계대전을 전후해서 위기에 봉착하고, 그에 맞춰 등장한 신자유주의라는 대응책마저 또 다른 이행기를 맞이할 무렵에 한국은 자유주의의 시대를 맞이했다. 독재와 권위주의에 맞서 일정하게 급진성을 확보했던 한국의 자유주의는 자기 한계를 극복하지 못하고 위기에 봉착했다. 그리고 그 위기의 중심에서 박근혜 정부가 등장한 것이다. 박근혜 정부야말로 '민주화'의 결과로 출현한 선출된 민주주의 권력에 대한 반-민주주의의 종착역이자 이명박 정부를 통해 극복하려다가 실패한 자유주의의 위기를 국가에 대한 요청으로 해결하고자 했던 '국민'의 선택이었다.

모든 독재는 궁극적으로 '국민'의 명령을 전제할 수밖에 없다. 독재만큼 강력하게 '국민'을 하나로 결집시키는 권력의 실행 방식도 없을 것이다. 그러나 그 권력은 독재자 개인에게 속하는 것이 아니라 '국민'이라는 추상적 집단에서 나온다. '국민'은 어떤 실체를 가졌다기보다 제각각 다른 이해관계로 모여 있는 부분집합들이다. 이 부분집합을 재현하는 것이 국가라고 한다면, 독재자의 국가가 독재자만의 것이라고 말할 수 없다.

4. 박정희 체제라는
딜레마

***

독재의 경험으로 인해 한국에서 자유주의는 급진성을 토대로 '진보'의 대표 사상으로 부상할 수 있었다. 정부의 문제를 도덕성과 효용성의 관점으로 파악하는 자유주의의 입장에서 독재는 옳지 않은 악의 산물이거나 아니면 시장을 무시하고 경제를 망치는 비효율적이고 시대착오적인 정치체제이다. 자유주의는 이처럼 독재를 '악마화'하거나 '희화화'하기에 급급할 뿐, 그것에 대한 이해를 도모하지 않는다는 문제점을 노출한다. 독재의 문제는 복잡하다. 상식적으로 독재는 민주주의의 반대로 알고 있지만, 앞서 논의했듯이 민주주의에 내재한 모순 때문에 출현하는 것이기도 하다. 이런 사실은 의회정치를 포함한 자유주의 정치체제의 의미를 되묻게 만든다. 독일의 법철학자 카를 슈미트Carl Schmitt는《독재론Die Diktatur》에서 독재를 민주주의와 대립시켜서 파악하는 방식에 의문을 제기한다.[31] 슈미트는 나치에 가입해서 히틀러의 총통제를 정당화하는 법적 논리를 개발한 것으로 악명이 높다. 그러나 이런 까닭에 역설적으로 그의 행보는 부르주아 정치사상을 통해 절대화되어 있는 자유주의 체제에 대한 근본적 의문을 제기한 것이기도 하다.

민주적 헌법은 그에 반하는 모든 것을 독재로 규정하게 만든다. 그러나 어떤 민주적 헌법이라도 그 내적 논리에서 '예외 상태'를 염두에 둔다는 것이 슈미트의 주장인데, 이것이 바로 '자유민주주의를 수호하기 위해 자유민주주의에서 보장하는 기본권을 제한할 수 있다'는 한국 우파의 논리를 가능하게 만드는 것이다. 이것을 슈미트는 독재라고 불렀다. 말하자면, 모든 독재는 독재자 개인의 성향이라기보다 이처럼 민주주의를 수호한다는 민주적 헌법의 기초 위에서 가능한 것이다. '민주화 이후의 권위주의'라는 표현도 이런 슈미트의 생각과 일맥상통하는 측면이 있다. 그러나 자유주의가 내세우는 민주주의 자체에 대한 급진적 성찰을 전제한다는 점에서 슈미트의《독재론》은 지금 벌어지고 있는 정치 상황을 이

---

31 Carl Schmitt, *Dictatorship*, trans. Michael Hoelzl and Graham Ward, Cambridge: Polity, 2013.

해하는 데 유용한 단초를 제공한다. 슈미트의 논리에 근거하면 박정희 체제는 민주주의의 원칙을 저버렸다기보다 오히려 적극적으로 그 한계를 드러낸 정치의 모습인지도 모른다.

푸코가 말한 것처럼, 나치 독일의 문제는 국가의 무한 확장에 있었던 것이 아니라 그 기능의 소멸에 있었다. 국가의 주요 기능이라고 할 수 있는 사법 체계 위에 '국민Volk'이 군림했기 때문이다. 국가 위에 '국민'이 있었고 국가는 '국민'의 의지를 재현하는 수단으로 간주되었다.[32] 여기에서 '국민'으로 번역한 독일어 'Volk'는 정확하게 말하자면 '정치적 인민'을 의미한다. 독일어에서 인민은 문화적인 차원에서 공동체를 구성하는 존재이자 정치적인 차원에서 국가의 주권을 구성하는 존재라는 의미를 가지는데, 아마 푸코는 직접적인 인민의 정치를 지향함으로써 국가를 약화시켰던 나치의 의미를 강조하고자 했을 것이다. 이처럼 독재체제가 독재자 개인의 통치라고 생각하는 것은 순진한 발상이다. 슈미트도 규정하듯이, 모든 독재는 어디까지나 최종 목표를 달성하기 위한 예외적 수단으로 받아들여진다. 이 예외적 수단은 효율성의 문제이기도 하다. 이런 원리에서 독재는 예외성을 띠게 된다. '자유민주주의'를

---

32 Michel Foucault, *The Birth of Biopolitics: Lectures at the College de France 1978–79*, trans. Graham Burchell, London: Palgrave, 2008, p. 111.

수호하기 위해 또는 효율적인 경제 발전을 위해 '자유민주주의'를 위반할 수 있는 예외성을 권력에 부여해도 괜찮다는 것이 박정희 체제를 지지했던 '국민'의 합의였다. 역설적으로 박정희 체제의 명분은 '자유민주주의'였지만, 어디까지나 이런 논리는 자유주의에 반하는 것이다. 밀이 주장했듯이, 자유주의에서 정치라는 것은 대화를 통한 이해관계의 조정이어야 한다. 그러나 당시에 '국민'은 경제를 정치와 무관한 것으로 간주해서 정치는 경제 발전에 걸림돌이라고 믿었다. 박정희 체제에서 경제라는 것은 인구와 자원의 확보를 통한 생산력 증대 이상도 이하도 아니었다.

"박정희의 '유령' 그리고 독재의 효율성과 예외성"

박정희 체제 지지자들에게 중요한 것은 독재를 해서라도 경제를 발전시키는 것이지, 민주주의에 기초한 낭비적인 정치 상황이 아니었다. 실제로 박정희의 유신을 중공업 중심의 경제 발전을 위한 결단으로 이해하는 지지자들도 많았다는 것은 의미심장하다. 심지어 통일을 위해 북한과 비슷한 체제를 만들고자 했다는 믿기 어려운 '증언'도 있을 정도이다. 진위 여부와 관계없이 이것이야말로 박정희 체제의 '진리'를 말해주는 증상일 것이다. 박정희 체제를 민주주의와 대립시켜서 단순하게 '악'으로 규정하는 것만으로 문제를 해결했다고 말하기 어려운 이유이다. 오히려 독재는 민주주의의 결함을 극복하고 지도자와 '국민'이 혼연일체가 되고자 하는 열망의 산물이기도 하기 때문이다. 자유주의의 논리에 내재한 도덕성의 범주는 대립 구도를 만들어 사안을 선택의 문제로 보게 만든다. 박정희의 '유령'은 이런 도덕성의 범주로 체제의 문제를 판단했기 때문에 끊임없이 돌아오는 것이라고 할 수 있다. 정치에서 배제된 인민주권의 과잉, 루소의 표현을 빌리자면 '일반의지'에 대한 충동을 드러내는 증상이 바로 박정희의 '유령'이다.

'국민'이 원한다는 전제에서 독재라는 사태는 민주주의라는 측면에서 보면 오히려 의회 제도보다 훨씬 효율성을 가진 것처럼 보인다. 점심시간을 떠올려보자. 메뉴를 고르기 위해 갑론을박하다간 아까운 점심시간을 모두 흘려보내기 십상이다. 누군가 나서서 '독재'를 하면 주문을 신속하게 처리할 수 있다. 독재는 이렇게 효율성이라는 측면에서 자유주의의 '통치 기술'을 압도한다. 결과적으로 1인의 독재자는 다수의 '국민'을 대리해서 '국민'의 의지를 완력으로 관철시키는 것이기에 다수의 의견이 서로 다툼을 벌여야 하는 의회보다 속전속결이다. 그러나 이렇게 '국민'의 이름으로 행해지는 것은 어디까지나 슈미트가 명제화한 독재라는 예외성이다. 이것이 박정희 체제의 딜레마였다. 권력을 집행하기 위해 독재는 언제나 예외 상황을 조성해야 했다. 정치적 적대자를 '빨갱이'로 몰아서 범죄자로 만드는 것은 이런 예외 상황을 만들어내기 위한 조처였다.

한국의 경우 의회정치는 미국의 안정화 프로그램으로 도입된 것이다. 해방 이후 미군정은 나치주의자 이범석을 중심으로 이른바 '족청계族青系(조선민족청년단 계통)'를 활용해서 반대 세력들을 제거한 후에 이승만에게 의회정치를 강제했다.[33] 의회정치의 도입은 반공주의를 중심으로 한국의 정치 상황을 안정화하기 위한 미국의 구상이었던 것이다. 박정희 체제와 의회 사이에 조성되어 있었던 긴장 관계는 이런 맥락과 무관하지 않다고 말할 수 있다. 박정희는 의회를 '쓰레기의 온상'이라고 곧잘 불렀다. 의회에 대한 적대시는 미국에 대해 이중적인 박정희의 태도를 보여주는 증상이다. 미국의 도움이 없이 생존하기 어렵다는 것을 알면서도 미국을 완전히 신뢰하기 어려운 모순이 박정희 체제의 중심에 놓여 있었던 것이다. 박정희는 베트남전쟁에서 베트남을 포기하는 미국의 모습에 충격을 받아 '자주국방'을 내세웠지만, 그렇다고 완전히 미국과 절연할 수 있었던 것도 아니다. 미국의 베트남전쟁 패배와 발맞추어 돌아갔던 급박한 국제 정세는 박정희에게 엄청난 위협을

---

33 이 과정에 대한 연구는 다음을 참조할 것. 후지이 다케시, 《파시즘과 제3세계주의 사이에서》, 역사비평사, 2012.

가하기에 충분한 것이었다.

　　남베트남의 패망으로 인한 명백한 국가 안보의 '위기' 상황에 대한 대응책으로, 박정희와 그의 경제 비서관들이 중화학공업 전략을 필사적으로 추진함에 따라, 청와대 비서실을 통한 박정희의 개인 통치는 더욱 강화되었다. 1975년 4월 23일 미국의 포드 대통령은 베트남전쟁의 종결을 선언했다. 4월 17일 캄보디아가 붕괴되고 4월 21일 남베트남의 응우옌반 티에우 대통령이 사임한 지 일주일이 채 지나지 않아서였다. 이 도미노 현상과 맞물려서 김일성은 중국을 방문했다. 이러한 국제적 사건들로 인해 국내에서는 미국이 동아시아의 '방어선'을 변경하는 것을 고려하고 있으며 이어서 한국을 버릴지도 모른다는 공론이 일어났다.[34]

　　이런 '위기 상황'에 대응하기 위해 정부 기구를 유사 전시체제로 개편해서 '체제 수호'라는 목표를 달성하려던 박정희의 구상은 청와대 비서실 중심의 권력을 더욱 강화한 결과, 후일 광범위한 저항에 부딪히게 된다. 상황은 더 악화되어서 독재적인 통치를 지속

---

34 김형아, 《박정희의 양날의 선택: 유신과 중화학공업 *Korea's Develpment Under Park Chung Hee: Rapid Industrialization*》, 신명주 옮김, 일조각, 2005, 265~266쪽.

시키려는 박정희와 자유주의를 지지하는 지식 엘리트 사이에 조성되어 있던 긴장 관계는 유신 선포 이후 화해의 길을 찾기 어렵게 되어버렸다. 자유주의의 관점에서 보자면, 독재자는 광인이거나 아니면 편집증 환자이다. 그러나 '악마화' 또는 '희화화'는 결과적인 것일 뿐, 실제로 독재자는 광범위한 대중 동원을 통해 자신의 체제를 유지해야 한다는 권력의 딜레마에 빠진다. 박정희 역시 마찬가지였다. 미국의 반대를 무릅쓰고 그가 단행한 유신은 대중 동원을 위한 독재 강화였다. 그에게 독재 강화의 명분은 '자유민주주의의 수호'였다. 물론 여기에서 말하는 '자유민주주의'는 자유주의의 절대 가치, 개인 권리의 보장과 경제적 자유를 배제한 것이었다. 북한이라는 실질적인 위협은 이렇게 자유주의를 표방하면서도 자유주의를 실천하지 않을 수 있는 예외 상황을 지속적으로 가능하게 했다.

"독재는 '국민'으로부터 나온다"

그러나 많은 이들이 공통적으로 지적하듯이, 유신은 결과적으로 박정희 체제의 몰락을 자초했다. 박정희 체제는 외부의 충격보다도 내부의 균열 탓에 붕괴한 것이라고 볼 수 있다. 청와대 비서실로 권력을 집중함으로써 필연적으로 소외 지대를 낳을 수밖에 없었을 것이고, 권력의 작동 방식에 틈이 발생했다고 볼 수 있다. 코리아 게이트(박동선 사건)를 조사하면서 만들어진 유명한 〈프레이저 보고서Fraser Report〉에 따르면 박정희는 당시 환율 인상을 요구한 미국에 "환율이 오르면 물가가 오르고 국민의 반발을 불러올 수 있다"는 요지의 발언을 한 것으로 기록되어 있다. 이 진술만큼 극명하게 박정희 체제의 딜레마를 보여주는 사례는 없을 것 같다. '악마화'된 이미지에 비해 박정희 체제는 그렇게 강력한 권력을 행사하지 못했던 것인지도 모른다.

마찬가지로 모든 독재는 궁극적으로 '국민'의 명령을 전제할 수밖에 없다. 독재만큼 강력하게 '국민'을 하나로 결집시키는 권력의 실행 방식도 없을 것이다. 그러나 그 권력은 독재자 개인에게 속하는 것이 아니라 '국민'이라는 추상적 집단에서 나온다. '국민'은 어떤 실체를 가졌다기보다 제각각 다른 이해관계로 모여 있는 부분집합들이다. 이 부분집합을 재현하는 것이 국가라고 한다면, 독재자의 국가가 독재자만의 것이라고 말할 수 없다. '국민'이 독재자를 지지하지 않을 때 독재자의 운명도 다하는 것이라고 할 수 있다. 분명히 자유주의의 입장에서 본다면 '국민'과 주권의 문제는 해결할 수 없는 난제이다. '국민'을 믿을 수도 없고, 그렇다고 '국민' 없이는 주권의 정당성을 확보할 수 없기 때문이다. 이런 의미에서 자유주의에 근거한 정치철학이 정의할 수 없는 대중 또는 군중의 동요를 '광신'으로 재단해서 제거하고자 하는 것은 놀라운 일이 아니다. 자유주의가 개인의 권리 또는 자유에서 시작해서 평등한 쾌락 또는 '공동선'을 위한 규율의 확립으로 귀결되는 것은 이런 까닭이다.

"호모 사케르 그리고 예외성의 논리"

여하튼, 박정희 체제는 '자유민주주의'를 수호한다는 명분을 내세웠지만 그 방식은 전혀 민주적이지 않았다. 앞서 언급했듯이, 오히려 '자유민주주의'를 지킨다는 이유로 반대 세력을 '빨갱이'로 몰아서 제거하기도 했다. 그런데 여기에서 주목해야 할 것은 다른 독재자들처럼 박정희는 즉결 처형 같은 편리한 방법을 택하지 않고 재판이라는 번거로운 절차를 거쳐서 '빨갱이'를 처단했다는 사실이다. '자유민주주의'를 지키기 위한 불가피한 선택이라는 명분을 얻기 위한 행위라고 볼 수도 있겠지만, 다른 노림수가 있었던 것일지도 모른다. 한나 아렌트Hannah Arendt가 말했듯이, '수용소camp'가 전방위적인 권력의 임재를 보여주기 위한 장치라고 했을 때, 박정희의 '사법 살인' 또한 그가 차용한 '통치 기술' 중 하나였다고 볼 수 있을 것이다.[35] 존재의 절멸을 선명하게 보여주는 '사법 살인'을 통해 박정희는 저항의 가능성을 배제하는 동시에, '모든 국민'에게 헌신하고 있는 자신의 권력을 확인하고자 했던 것이라고 추론할 수 있다. 법을 통해 '빨갱이'로 규정되는 대상은 그 개인의 절멸에 그치지 않고 그와 관련한 모든 상징적 유산이 함께 배제되었다. 인혁당 사건의 피해 가족들이 당시 주변에서 받은 차별과 조롱은 '사법 살인'의 의미를 확인시켜주는 것이다. 이들이야말로 조르조 아감벤Giorgio Agamben이 말한 '호모 사케르Homo Sacer'인 것으로, 박정희 체제는 이를 통해 수용소 없는 수용소의 효과를 만들었다고 할 수 있다.

 '사법 살인'의 사례를 거론하면서 박정희의 비인간성을 폭로하는 비판이 대세이지만, 역설적으로 이것이야말로 '자유민주주의'라는 이념에 내재한 모순을 적나라하게 보여준다. '자유민주주의'라는 말은, 개인의 자유와 만인의 평등이 서로 충돌하는 자유주의가 감추고 싶은 불편한 진실을 외설적으로 드러낸 용어인지도 모른다. '국민'으로 포섭할 수 없는 것을 배제한 상태에서 '자유민주주의'가 공동체의 윤리와 개인의 자유를 말한다는 점에서 얼핏 자유주의와 다른 것처럼 보이지만 실제로 '통치 기술'로서 자유주의의 내면에 도사리고 있는 것은 '정부의 효용성'이다. 효율성이 떨

---

35 '수용소'에 대한 논의는 다음을 참조할 것. 한나 아렌트, 《전체주의의 기원*The Origins of Totalitarianism*》, 박미애·이진우 옮김, 한길사, 2006.

어지는 정부는 효용성을 상실했다는 것이 자유주의의 문제의식이다. 자유주의야말로 역설적으로 '정부 없는 자기 통치'의 가능성을 항상 염두에 두고 있는 것이다. 이 '자기 통치'를 달성하기 위한 수단으로 독재를 해야 한다는 것이 전체주의자의 생각이다. 박정희 체제조차도 근대화를 달성하기 위한 '국민'의 덕목으로 내세운 것이 "근면, 자조, 협동"이었다. 여기에서 '자조self-help'야말로 '정부 없는 자기 통치'에 대한 다른 용어였던 것이다. 독재는 효율성을 높이기 위한 '국민'의 선택이고, 이 지점에서 자유주의는 독재와 갈라선다. 자유주의에 중요한 것은 '국민'이라기보다 개인의 권리이고 경제적 자유이다. 정부는 이 권리와 자유를 침해할 수 없다. 따라서 박정희 체제가 표방한 '자유민주주의'라는 것은 역사적 공산주의에 대응하는 개념으로 반공주의의 다른 용어였다고 할 수 있다. 박정희가 자유주의에 호의적이지 않았다는 것은 확실하다. 그의 경제정책은 시장방임주의라기보다 보호무역주의였다. 그가 자유주의자일 수 없다는 것은 확실하다. 또한 '자유민주주의자'가 아니었다는 것도 거의 확실하다. 그에게 중요한 것은 반공이라는 이념이라기보다 경제 발전이었기 때문이다. 그의 진보주의는 자유주의가 아니라 전혀 다른 사상에서 왔다. 그의 정책은 오히려 독일의 비스마르크나 히틀러에 더 가까웠다. '자유민주주의를 수호하는 비자유민주주의자 또는 반자유주의자', 이 역설이 가능한 것이 바로 예외성의 논리인 셈이다.

　박정희는 시종일관 의회로부터 거리를 두는 태도를 취하면서 역설적으로 국민의 의사를 직접 대변하는 대통령을 자임했다. 미국의 희망 사항은 의회정치의 성공을 통한 한국 정치 상황의 안정이었지만, 그것은 박정희에게 권력의 위기를 의미했다. 인민주권을 직접 대변하는 대통령과 부르주아-소부르주아(중간계급)의 이해관계를 재현하는 엘리트주의적인 의회정치의 대립, 이것이 박정희 체제의 정치 구조라고 볼 수 있을 것이다. 박정희 체제는 소멸했지만, 의회정치와 대립하는 또는 그것과 거리를 두는 박정희의 전략은 여전히 유효한 것처럼 보인다. 의회보다도 대통령을 국민의 직접 대표자로 받아들이는 분위기가 여전히 팽배하기 때문이다. 박정희가 만들어낸 밀짚모자를 쓰고 농부들과 어울려 막걸리를 마시는 대통령의 모습은 한국에서 정치인의 소탈함을 드러내기 위한 하나의 코드 같은 것이다. 박정희를 비판하는 이들조차도 '박정희 코스프레'를 하면서 현장을 찾아가는 것이 다반사 아닌가. 따라서 1987년 6월 항쟁을 통해 '쟁취'했다고 일컬어지는 대통령 직선제는 박정희의 유산을 청산했다기보다 존속시킨 제도라고 볼 수도 있겠다. 재미있는 것은 친농민 또는 친농촌적인 박정희의 이미지 정치는 도시중간계급, 다시 말해서 시민의 성장을 견제하기 위한 전략이기도 했다. 당시 도시중간계급의 요구는 미국식 의회정치의 확립이었고, 박정희는 이런 '민주화'의 의미를 누구보다 잘 알고 있었다. 이런 맥락에서 새마을운동은 '농촌 근대화'를 통해 박정희의 지지 기반을 더욱 공고하게 다지기 위한 정책이기도 했던 것이다.

"전두환 체제와 도시중간계급의 쾌락의 평등주의"

박정희 체제가 내부의 균열로 붕괴한 뒤에 등장한 전두환 체제는 쿠데타를 통해 권력을 획득했지만, 정책적인 측면에서 박정희 체제와 전혀 다른 길을 걸었다. 중공업 중심의 경제 발전 계획을 '과잉투자'라는 명목으로 전면 폐지하고 경제기획원을 중심으로 한 새로운 경제정책을 추진한 것만 보더라도 이런 추측은 설득력을 얻는다. 박정희는 전두환에게 핵무기 개발을 위한 책임을 맡겼지만, 집권 이후에 박정희 체제를 해체하는 작업에 누구보다 앞장섰던 장본인은 아이러니하게도 전두환이었다. 전두환으로 인해 한미 관계는 극적으로 개선되었고, 미국의 구상에 따른 시장경제 체제의 도입은 순조롭게 이루어졌다.[36] 그러나 이런 경제정책의

---

36 박정희의 핵무기 개발 의지에 대한 논의는 다음을 참조. Peter Heyes, et. al. "Park Chung Hee, the US-ROK Strategic Relationship, and the Bomb", *The Asia-Padific Journal: Japan Focus*. (http://www.japafocus.com).

변화가 정치적인 억압과 함께 진행되었다는 사실에 주목해야 한다. 정치적 적대자를 '빨갱이'로 낙인찍는 매카시즘은 여전히 강력하게 작동했다. 반공 이데올로기에 기초한 이런 매카시즘은 경제 발전을 위해 정치를 억압하는 효과적인 전략이었다. 게다가 북한이라는 실체는 남한이 정치 억압을 정당화할 수 있는 훌륭한 근거이기도 했다. 슈미트의 지적처럼, 부르주아의 정치 전략이 경제와 정치를 분리시켜서 노동계급을 탈정치화하는 것이라면, 전두환 체제는 박정희 체제보다 더 적절하게 부르주아의 이해관계에 충실하고자 했던 것이라고 할 수 있다.

'민주화'의 과정이 시민권을 요구하는 자유주의적인 투쟁이었던 것과 별도로 전두환 체제 이후 집권한 다양한 정부가 노동계급의 정치화를 억제하고 기업의 이해관계를 관철시키는 방향으로 경제정책을 설정한 것은 공통적이었다고 하겠다. 물론 전두환 체제가 자유주의에 호의적이었다고 말하기는 어려울 것이다. 오히려 전두환 체제는 쿠데타의 주역이었던 정치군인들과 이에 순응한 부르주아의 타협이었다고 보는 것이 더 타당할 것 같다. 이른바 '민주화'는 이런 타협을 시장의 자율성 또는 시장의 '진리'에 맡겨야 한다는 자유주의의 정언명령과 같은 궤도를 달려갔던 것이다. 정권의 교체에 따라서 자본의 약진도 달랐지만, 대체로 '시장의 왜곡'을 극복하기 위한 정경분리의 원칙이 점차 관철되었다고 말할 수 있다. '시장의 왜곡'은 시장의 자율성을 훼손하는 정부의 개입에 대한 비판이지만, 시장의 '진리'를 통해 정부의 문제점을 고쳐야 한다는 생각을 내포하고 있는 것이기도 했다.

전두환 체제는 박정희 체제에 비해 정통성의 문제에서 심각한 장애를 안고 출발했다. '1980년 광주' 때문이었다. 이른바 '민주화'에 대한 요구를 무력으로 진압한 이 사건은 전두환 체제가 결과적으로 자신의 정당성을 확보하기 위해 형식적이나마 의회정치에 기반을 둔 민주주의 체제로 점차적으로 나아갈 수밖에 없게 만들었다.[37] 데이비드 헬드David Held가 적시했듯이, 역사상 모든 정치인들은 자신들을 민주주의자라고 칭할 수밖에 없다. 비록 쿠데타를 통해 집권했지만 전두환 역시 마찬가지였다. 이 변화는 예상보다 더 큰 결과를 초래했다. 1987년 6월 항쟁이 이러한 체제의 균열에서 촉발될 수 있었기 때문이다. 민주주의는 알라딘의 램프에서 나온 거인 요정과 같은 것이다. 불러내는 것은 자유이지만 다시 집어넣을 수는 없다. 민주주의는 일단 시작되는 순간 다시 되돌릴 수 없다는 특징을 가진다. 극단적 폭력조차도 이 진로를 멈추게 할 수

---

37 이런 과정은 정통성을 결여한 독재 권력의 경우에 일반적으로 발생하는 경험적 사례라고 할 수 있다. 이에 대한 논의는 다음을 참조할 것. Jennifer Gandhi, *Political Institutions Under Dictatorship*, Cambridge: Cambridge University Press, 2008. 민주주의 역사 전반에 대한 일목요연한 정리는 다음을 참조할 것. David Held, *Models of Democracy*, Cambridge: Polity, 2006.

없다는 사실을 지난 역사가 증명하고 있다.

전두환 체제가 추진한 도시 개발의 결과는 아파트 열풍으로 상징되는 부동산 거품으로 나타났고, 도시중간계급들이 대거 등장하게 되는 결과를 초래했다. 이 도시중간계급이야말로 '민주화'를 요구하는 시민으로 거듭나서 87년 체제를 만들어냈다고 할 수 있다. 이런 맥락에서 '민주화' 자체의 중요성이 아니라, 도대체 이것이 어떤 '민주화'였는지 돌아볼 필요가 있다. 이렇게 출현한 도시중간계급의 정체성을 구성한 이데올로기는 쾌락의 평등주의라는 개념으로 설명 가능하다. 자유주의의 '통치 기술'을 욕망의 관리 또는 제어라고 본다면, 쾌락은 87년 체제에서 무시할 수 없는 정치적 범주로 작동했다는 생각이다. 실질적으로 전두환 체제는 박정희 체제가 이룩했던 경제개발의 산물을 사유화하는 수순을 밟았다. 결과적으로 '민주화'는 국가 주도로 육성되었던 자본이 권력으로부터 해방되는 과정이기도 했다. 주목해야 할 것은 '개발독재'라고 지칭되는 박정희 체제의 경제개발 모델이다. 박정희 체제는 일방적으로 국가 주도의 경제개발을 추구한 것이 아니었다. 장하준도 지적했듯이 박정희 체제에서 중요했던 것은 재벌 육성이었다. 이 점이 다른 국가 주도형 경제개발과 다르다고 할 수 있다. 일본처럼 국가 소유의 공기업 중심으로 경제개발이 진행된 것이라기보다 재벌이 자립할 수 있도록 정부가 지원하는 방식으로 경제개발이 진행된 것이다. 이런 까닭에 박정희 체제의 경제개발 모델은 "자본가 없는 자본주의"가 아닌 "자본가 있는 자본주의"를 추구했다는 주장도 가능하다.[38] 경제적 자유를 근간으로 하는 자유주의에 호의적이지 않았던 박정희 체제를 통해 재벌 중심으로 자본의 원시 축적이 가능했다는 것은 의미심장하다. 재벌 자체가 자유주의와 별반 관련이 없었다는 뜻인 것이다. 이 사실에서 자본의 운동과 별도로 그것을 인격화하고 있는 자본가 또는 부르주아의 내면을 이해할 수 있는 실마리를 얻을 수 있다. '민주적 자본주의'를 신뢰한다면 박정희라는 독재자를 지지할 수 없는 것이 당연한 일이지만, 한국의 자본주의가 형성된 과정을 보면 그렇지 않을 수도 있다는 사실을 알 수 있는 것이다. 재벌이야말로 박정희 체제의 유산인 것이고, 이들의 정신세계 또한 국가와 기업을 동일시했던 그 기원에 뿌리를 두고 있는 셈이다. 따라서 '민주화'의 성과를 안고 집권한 민주 정부가 반재벌 정책의 일환으로 자연스럽게 미국식 신자유주의 경제체제를 도입한 것은 이런 한국 경제개발의 내적 논리에 따른 '합리적' 귀결이었는지도 모른다. 따라서 한국의 '민주화' 과정에서 시장의 '진리'를 신봉하는 자유주의는 박정희 체제에 대한 청산을 의미

---

38 Park Sung-Jo, "Development State in Korea(60-70ties) Revisited: Institution-Building for 'Coordinated Market Capitalism'", 5th Dialogue on Social Market Economy, University of Tartu, 2013.

했고, 자유주의의 세례를 받은 소비주의는 "표현하지 않는 감각은 감각이 아니야"라는 당시 유행했던 광고 문구가 적절하게 암시하듯이 '개인의 권리들을 주장하는 권리'로 자연스럽게 인준받았다.

"자유주의라는 신세계 그리고 시민의 자격"

'개인의 권리들을 주장하는 권리'가 시민권의 기초인 것이고, 이 권리에서 출발해서 시민의 자격을 획득하고자 하는 경쟁이 자연스럽게 중요한 삶의 원리로 제시되었다고 할 수 있다. 바야흐로 자유주의의 멋진 신세계가 열린 것이다. 자유주의의 혁명성은 독재나 권위 또는 관습에 맞서 정치적으로 각을 세울 때 효과를 발휘하지만, 또한 일상으로 내려오면 '정부 없는 자기-통치'라는 규율로 내면화한다. 앞에서 논의한 혁명적 자유주의와 공리주의가 표준으로 작동하면서 삶에 대한 관점을 근본적으로 바꾸는 전환이 일어난 것이다. 자기계발의 논리는 이 과정에서 등장했다. 물론 보기에 따라서 이렇게 자기계발의 논리로 수렴되어버린 개인의 권리에 대한 주장은 "권리들을 보장하는 권리" 또는 "권리들을 뒷받침하는 권리"라는 민주주의의 원칙을 왜곡하는 것처럼 보일 수도 있다. 그러나 그 왜곡이 왜 일어난 것인지 고민해본다면, '천박한 한국의 자본주의'나 '졸부 근성에 사로잡힌 중산층' 탓에 이 모양이

꼴이 되었다는 것 이외에 뚜렷한 근거를 제시하기 어렵다는 사실을 깨달을 수 있다. 이런 식으로 한국의 문제점을 지적하는 것은 크게 설득력을 갖지 못한다는 말이다.

누가 시민의 자격을 부여하는지 중요하지 않다. 그리고 한국에서 시민권의 개념이 얼마나 잘못 형성되었는지 그 원인을 따지는 것도 '진짜 문제'는 아니다. 이 자격을 전제하는 것은 근대의 조건이기 때문이다. 중요한 것은 이제 누구든지 자격을 갖추면 평등하게 시민권을 획득할 수 있다는 사실을 결코 부정할 수 없게 되었다는 것이다. 이 생각의 옳고 그름을 떠나서 이것이 바로 근대이다. 이 조건을 뒤로 돌릴 수 있는 절대적 부정성은 인류의 절멸 이외에 없을 것이다. 자기계발의 논리는 근대성 자체이다. 다시 말해서 자기계발의 논리는 민주주의와 밀접하게 관련되어 있다. 자기계발의 논리는 '자기 통치'를 개인의 미덕으로 간주하는 자유주의가 없다면 불가능한 것이다.

역사적으로 보면 민주주의는 공화주의라는 정치사상과 연결되어 있다. 그러나 공화주의가 곧바로 절대적인 평등을 보장하는 것은 아니다. 한마디로 공화주의는 권력 분점을 의미하지만, 자격을 갖춘 일정한 엘리트 집단에게만 해당되는 사항일 뿐이다. 시민 또는 시민권이라는 개념에 내재해 있는 한계는 바로 이 사실에서 드러난다. 원칙적으로 시민권은 보편적인 것이지만 그렇다고 아무나 시민이 되어서 시민권을 가질 수는 없다. 자격을 갖추어야 한다. 아나키스트처럼 '시민-되기' 자체를 거부한다면 다른 문제이다. 그러나 최소한 시민의 자격을 갖추는 것이 '삶의 존엄'과 관련된 것이라고 믿는다면, 시민이 되기 위해 노력하거나 아니면 자격을 갖추지 못한 이들에게도 시민권을 확대하라고 요구해야 할 것이다. 전자가 자기계발의 논리라면 후자는 시민운동의 논리이다. 입장에 따라서 전자를 이기적인 것이라고 말하고 후자를 이타적인 것이라고 말할 수도 있겠지만, 절대적으로 옳은 소리라고 할 수는 없다. 유럽이라면 모를까, 한국처럼 공동체의 이해관계가 종종 개인의 자율성을 침해하는 것을 아무렇지 않게 생각하는 곳이라면 한번 다시 생각해봐야 할 문제이다. 다만 과거 희망버스에서 확인되었던 것처럼 내재적 배제의 대상이었던 노동자가 '시민-되기'를 주장하는 경우도 있을 수 있다. 내재적 배제라는 것은 평등을 전제하는 집단이라고 할지라도 필연적으로 배제하는 것을 만들어낼 수밖에 없는 원리를 말한다. 이렇게 배제된 것은 재현되지 않아서 '없는 것'으로 취급당한다. 한국에서 노동자라는 존재야말로 이렇게 배제된 존재이다. 정규직이든 비정규직이든 노동자는 없다. 다만 수입이 괜찮은 노동자는 소비자로 대접받을 수 있다. 소비자만이 재현되는 존재이다. 이 사실을 극명하게 보여주는 사례가 결혼정보회사의 '고객분류법'일 것이다. 직업과 학벌 그리고 부모를 통해 재현되는 당사자는 그 누구도 아닌 '중매 상품'을 구매하는 소비자이다. 소비자만을 시민으로 인정하는 것, 이 사실이 바로 한국의 자유주의가 도달한 종착역이다.

5. 공화주의의 유령

한국의 경우 공화주의는 여전히 유령처럼 정치를 배회하고 있다. 2008년 촛불집회에서 가장 많이 불리고 호응을 받은 구호가 바로 "대한민국은 민주공화국이다"는 것이었다. … 이 공화주의의 유령은 어떤 절대적 범주를 가지고 있을까. 유럽의 공화주의가 신의 자리에 자연법을 설정했던 것처럼, 한국의 공화주의도 '자연'의 범주를 내부에 포함하고 있긴 하다. 대체로 '자연'이라는 것은 필연성을 의미한다. 한국의 맥락에서 이 필연성은 '적자생존 법칙'이다.

***

'민주화'의 과정에서 '급진적 자유주의 운동'이 남긴 유산 중에 하나가 바로 '시민'이라는 명칭일 것이다. 그러나 이제 '시민'이라는 명칭은 이름에 그치지 않고 어떤 자격과 역량을 의미하는 용어가 되었다. '깨어 있는 시민'은 '깨어 있다'는 점에서 특정한 자격과 역량을 암시한다. 또한 이들은 '깨어 있다'는 사실에서 암시하듯이, 선출된 정부에 대한 '감시 권력'으로서 끊임없이 정부의 한계를 설정하는 역할을 수행한다. 무엇보다도 이들은 '지켜보는 자들'이다. 서로가 서로를 지켜보며 또한 민주주의의 이름으로 반-민주주의의 권력을 실행한다. 이 지점에서 '시민'이라는 개념은 법적인 차원과 정치적인 차원을 동시에 갖게 된다. '서울 시민'이라는 말과 '깨어 있는 시민'은 같은 '시민'일 수 없는 것이다. 그러나 '시민'은 어원상 '도시 거주민'을 의미했다. 도시에 거주할 수 있는 권리를 가진 이가 바로 '시민'이었던 셈이다. 시민권은 이런 의미에서 미묘한 의미를 가진다. 시민권은 모두에게 평등한 권리이긴 하지만 특별한 자격이 없으면 부여받을 수 없는 것이기도 하다. 밀이 이야기했듯이, 근대국가는 단일 정부의 통치 아래에 민족을 구성하는 체제이다. 한반도에서 남과 북이 앞다투어 단일 정부를 선포한 것은 근대국가의 성립에서 우위권을 차지하고자 했던 경쟁이었는지도 모른다. 이른바 '체제 경쟁'이라는 명목으로 남과 북이 오랫동안 정통성을 놓고 실랑이를 벌였던 것도 본질적으로 근대국가에 누가 더 적합한지 또는 누가 더 근대의 규범을 체현했는지 보여주려는 자기 증명의 과정이었다고 할 수 있다.

"국민과 시민 그리고 민주주의"

그러나 남과 북이 근대국가를 구성할 무렵에 '시민'이라는 개념은 희박했다. 한국전쟁이 끝난 뒤에 서울 명동에 모인 김수영과 박인환 같은 모더니스트 시인들이 후반기 동인을 결성하고 《새로운 도시와 시민들의 합창》이라는 시집을 발간했다는 사실은 의미심장하다. 전쟁이 남겨놓은 폐허의 도시에서 이들은 '시민'이기를 주장했다. 그만큼 '국민'의 그림자에서 벗어나기 힘들었던 '시민'이라는 사회적 존재는 요원한 유토피아의 이미지처럼 보이지 않았을까. 당시는 '시민'보다도 '국민'이 국가 구성원을 호출하는 용어로 훨씬 적합한 시대였다. 4·19혁명으로 잠깐 모습을 드러냈던 '시민'은 다시 박정희의 5·16쿠데타를 통해 장막 뒤로 감춰진다. 박정희 체제는 국가 구성원을 동원하기 위해 전략적으로 '국민'이라는 명명법을 사용했다. '민주화' 과정은 '국민'에서 '시민'으로 이어지는 새로운 정치 주체의 출현과 무관하지 않았다. '국민'이 민족을 통해 재현되는 정체성이라면, '시민'은 집단보다도 개인의 탁월성과 자율성에 근거한 정체성이다. 여기에서 '국민'이든 '시민'이든 인민이라는 정치적 주체에 뿌리를 두고 있다는 사실을 간과할 수 없다. 인민은 국가와 계약관계를 통해 탄생한다는 것이 자유주의 정치철학의 명제이다. 근대의 정치 개념은 신으로부터 주어진 권력이라는 개념을 부정하고 국가와 계약을 맺은 인민의 권력이라는 개념을 내세웠다. 스피노자Baruch Spinoza로부터 토머스 홉스Thomas Hobbes 그리고 루소로 이어지는 '사회계약론'은 이에 대한 철학적인 논의들이다.

앞서 언급했듯이, '시민'은 고대 그리스에서 '도시에 거주하는 자격을 가진 이들'을 의미했다. 아리스토텔레스의 정의에 따르면 '시민'은 자기 판단을 독자적으로 내리는 독립적이고 자율적인 존재였다. 플라톤Plato이 말한 '철인왕philosopher-king'에 가까운 존재가 '시민'이었던 것이다. 그러나 이런 '시민'에 대한 규정은 기독교의 확산과 함께 약화된다. 기독교는 개인의 자기완성을 추구하는 것보다 '신의 의지'에 개인을 복속시키는 행위를 삶의 목적이라고 제시했다. 고대 그리스의 '시민'이 자기를 판단 기준으로 삼는 정치적으로 평등한 존재였다면, 기독교는 이런 '시민' 개념을 '신앙인'으로 교체하면서 '신 앞에 평등한 개인'이라는 탈위계적인 존재론을 제시했다. 토머스 아퀴나스Thomas Aquinas는 이런 기독교의 존재론을 정치의 문제로 발전시켜서, 세속의 통치자가 '자연법'을 지속적으로 위배할 때에 반란을 일으켜 그를 처단할 수 있다는 '정부제한론'의 근거로 삼는다. 데이비드 헬드의 말처럼 아퀴나스의 주장은 후일 등장하는 루소를 비롯한 자유주의 정치철학의 명제를 떠올리게 만드는 것도 사실이다.[39]

고대 그리스의 시민 개념이 다시 복귀하는 것은 르네상스 유럽에서 군주제에 의문을 제기하는 공화주의가 태동했을 무렵이었다. 이 공화주의는 고대 그리스의 '자기 통치적인 시민'과 기독교의 '신 앞에 평등한 개인'이라는 이념이 서로 접목되어서 '신으로부터 통치권을 위임받은 정부'라는 새로운 개념을 탄생시켰다. 물

---

39 David Held, *Models of Democracy*, Cambridge: Polity, 2006, p. 42.

론 데이비드 헬드가 인정하듯이 르네상스 공화주의를 오늘날 통용되는 민주적 공화주의로 받아들이기는 어렵다.[40] 그러나 시민의 자유에 근거한 공동체를 최고의 선으로 두었다는 점에서 르네상스에서 발원한 공화주의와 민주주의를 연결시킬 수 있는 근거가 아예 없지는 않다. 이런 기원적 의미에서 민주주의의 문제를 시민권의 쟁점으로 파악할 수도 있을 것이다. 여기에 대한 논의는 뒤로 미루고 시민과 민주주의의 관계에 집중해서 생각한다면, 한국의 '민주화' 과정은 분명히 농촌보다도 도시에 근거지를 두고 있었다는 사실을 부정하기 어렵다. 한국에서 민주주의는 무엇보다 '시민'의 문제였고, 좀 더 나아가서 규정하자면, '시민-되기'의 문제였다. 왜냐하면 누구도 처음부터 '시민'이었던 이들은 없었기 때문이다. 이른바 '선거 판세'만을 놓고 보더라도 서울이나 부산 같은 대도시는 대체로 박정희나 전두환에 호의적이지 않은 '야도'로 통했다. 지금은 보수의 상징처럼 되어버린 서울 강남이 전두환 체제에서 대표적인 야권 지지 기반이었다는 사실은 많은 것을 암시한다.

이런 '시민'이 만들어내는 것이 앞서 로장발롱의 주장에서 확인했던 사회이다. 사회라는 것은 공화주의와 다른 차원에서 구성된

---

40 Held, 같은 책, p. 43.

상상의 집단이다. 사회는 연대를 통해 구성된다. 이 연대는 계급을 초월해서 형성되는 것이다. 사회보장 또는 사회복지라는 개념은 이런 사회적인 것의 등장과 무관하지 않다. 그러나 87년 체제를 통해 출현한 '시민-사회'에서 노동자는 재현되지 않았다. 계급정치가 퇴조하고 '시민'의 가치를 보편적인 것으로 내세운 자유주의가 전면화되었다는 의미이기도 할 것이다. 김대중-노무현 정부가 보여준 노동운동에 대한 적대적인 태도는 이런 사실에 기반을 두고 있는 것이다. 대기업 노동조합을 일컬어 '귀족노조'라고 지칭한 용어법은 정확하게 87년 체제의 성격을 보여준다. 이 체제에서 노동자는 '시민'의 자격을 부여받지 못했다. 87년 체제의 성과를 바탕으로 집권한 '민주공화국'에서 노동자는 경제성장을 위해 자기를 끊임없이 희생해야 하지만 정치적으로 '없는 것'이어야 했다. 노동자는 노동력으로 계량화되어서 제시될 뿐이었다. 이런 까닭에 노동자는 노동계급으로 자신을 정립하기보다 중간계급 의식으로 자기 정체성을 규정해야 했다. 노동자이면서 노동자이기를 거부하는 존재론적 역설은 효과적으로 노동계급의 정치화를 막아왔다고 할 수 있다.

결과적으로 노동자는 오직 보수 양당 중 하나에 표를 던지는 유권자로만 재현된다. 이 유권자는 국민일 수도 있고 시민일 수도 있겠지만, 시민이 구성하는 사회 역시 노동자라는 존재를 배제하고 있다는 점에서 한국 어디에서도 노동자는 '계급'으로서 존재할 수가 없는 셈이다.

"노동자의 시민-되기와 자기계발 논리"

오직 노동자도 부지런히 자기계발해서 '탁월한 개인'이 되어야지만 인정받을 수 있다. 과거 고려대학교에서 유명했던 '번개 배달부'의 이야기가 이런 사실을 보여준다. '번개 배달부'가 명성을 얻고 기업 강연을 다닌 것은 우연이 아니다. 온갖 아르바이트를 전전하더라도 몇 수를 거쳐 마침내 서울대만 입학하면 그는 기나긴 비정규직 노동자의 멍에를 벗고 '서울대학생'이라는 '탁월한 개인'으로 칭송받을 수 있다. 이에서 알 수 있듯이, '민주화' 이후 한국은 자유주의의 규범으로 삶에 대한 관점을 재구성하는 것을 이른바 '정상화'로 생각하고 있는 것이다. 노동자가 노동자로 머물지 않고 다른 능력을 발휘할 때, 그는 '시민'으로 호명되어서 존경의 대상으로 거듭난다. 노동계급의 형성을 이토록 효과적으로 저지한 정치체제는 세계 역사상 한국을 제외하고 드물지 않을까 한다. 노동자를 '산업 역군'이라고 부르며 경제 발전의 주역으로 추켜세웠던 박정희 체제는 노동자에서 '근로자'라는 부분만을 강조했다고 할 수 있다. 근로라는 말의 의미는 '각자 알아서 열심히 일한다

(industrial)'는 초기 산업자본주의의 뉘앙스를 풍긴다. 이런 노동자의 기원은 농민이었고, '농촌 근대화'라는 용어법에서 알 수 있듯이 '근로자'는 농민의 근대화를 의미했다. 근대화를 달성하기 위한 세 가지 덕목으로 제시된 것이 "근면, 자조, 협동"이었다. 이 덕목은 19세기 빅토리아시대 영국의 사회다윈주의자Social Darwinist[41]들이 진보의 역량으로 개념화했던 것이기도 하다. 세 덕목은 근대사회에서 '탁월한 개인'을 만들어내는 능력인데, 이런 믿음은 자기계발 논리의 기원이라고 할 수 있다.

"생명정치 혹은 생명권력"

자기계발 논리는 1990년대 이후 갑자기 등장했다기보다 이렇게 박정희 체제 이래로 전개된 경제성장 담론에서 핵심을 차지해온 것이다. 물론 박정희 체제 이후에 등장한 자기계발의 논리는 공동체보다도 '자기'를 강조하는 경향을 보여준다. 산업화의 과정에서 이루어진 노동 현장 통제는 노동력을 관리하는 것에 그치지 않고

---

41 사회다윈주의Social Darwinism를 사회진화론이라고 명명하는 경우도 있지만, 관련 연구에서 이 문제는 첨예한 논쟁을 유발하고 있다는 점에서 이 글에서는 사회다윈주의로 용어를 통일한다. 용어를 둘러싼 논의는 다음을 참조할 것. Mike Hawkins, *Social Darwinism in European and American Thought, 1860-1945: Nature as Model and Nature as Threat*, Cambridge: Camgridge University Press, 1997.

도시로 집중한 인구에 대한 통치를 의미했다. 박정희 체제에서 국가 주도의 경제 발전 정책을 통해 조성된 대단위 사업장은 훈육의 장소이자 규율을 내면화하는 장치였다. 푸코의 말을 빌리자면, '국민체조'와 '조기청소'라는 용어가 직접적으로 표현하고 있듯이, 박정희 체제에서 권력이 작동하는 방식은 '규율권력'이었다고 할 수 있다. 반면 박정희 체제 이후 아래로부터 '생명을 관리하는 권력'의 문제가 전면에 부상했다. 개인을 규율화해서 '선진국 국민'으로 만들고자 했던 기획은 더 이상 효력을 가질 수 없었다. 학교에서 청결 검사를 하고 직장에서 신체검사를 하던 시절이 지나가고 자발적으로 병원을 찾아가서 건강검진을 받아야 하는 시절이 온 것이다. 신체에 직접적으로 작용했던 국가권력이 이제 민간 영역으로 넘어오면서, 지식에 근거한 '생명정치biopolitics'가 전면화하기 시작했다. '생명정치'라는 말은 푸코가 선언적으로 사용한 개념인데, "권력의 기술" 중 하나인 '생명권력biopower'과 쌍을 이룬다. 푸코에 따르면 군주제가 소멸한 후에 등장한 근대 권력의 형태가 바로 '규율권력'과 '생명권력'이다. '생명정치' 혹은 '생명권력'은 규율화의 메커니즘과 일정하게 구분되는, 또는 그 규율화의 위기로 인해 등장한 새로운 권력의 '통치 기술'이라는 것이 푸코의 생각이다. '생명권력'이 목표로 삼는 것은 "생명과 동물의 한 종류로서 작동하는 인간의 생물학적 과정을 통제하는 것"이다.[42] 그러나 궁극적으로 '생명권력'의 출현은 개인을 규율화할 수 없다는 깨달음의 결과라는 점에서 '규율권력'에 기초했던 자유주의 기획의 실패와 무관하지 않다고 할 수 있다. '생명권력'은 이런 관점에서 훨씬 더 정교하게 생명 활동을 예측하고 통계화하고 포괄할 수 있는 척도들을 만들어낸다. 한마디로 기술을 통한 일상의 관리가 '생명정치'의 핵심인 것이다. 이 지점에서 자유주의가 상상했던 '국가와 계약을 맺은 정치적 주체'라고 할 수 있는 '인민'은 '인간 동물의 생명 활동'으로 대체된다. '생명권력'은 바로 '살아가는 법'에 대한 지식을 통해 작동한다. 대표적으로 '어떻게 건강하게 살 것인가'를 가르쳐주는 '건강 담론'이나 '웰빙 담론' 같은 것이 '생명권력'의 문제이다. 유행하는 '힐링 담론'은 몸의 문제만이 아니라 정신이나 마음의 문제에 대한 지식을 통해 작동한다는 점에서 '생명권력'의 연장에 있다고 할 수 있다. 과거 홉스와 같은 공리주의자에게 사적인 영역 또는 권력 바깥에 속했던 경제라는 물질 기반이 '먹고사니즘'이라는 '생명정치'의 문제로 변화하는 순간이다. 일반적으로 이야기하는 자기계발의 문제가 여기에서 드러난다. 자기계발은 결코 국가권력이나 사회가 개인을 규율화하기 위해 '강요'하는 것이 아

---

42 Michel Foucault, *Socieity Must Be Defended: Lectures at the College de France 1975-76*, trans. David Macey, London: Pagrave, 2003, pp. 246-47.

니다. 개인을 '민주 시민'으로 또는 '애국 시민'으로 규율화하고자 했던 자유주의의 '통치 기술'은 한계를 맞이했다. 이른바 386 꼰대와 가스통 할아버지는 이런 자유주의 기획의 종언을 보여주는 유물인지도 모른다.

자기계발은 '살아가는 것'의 문제이다. '생명정치'는 이 '살아가는 것'에 대한 지식을 제공한다. 삶의 방식은 물론이고 심지어 연애까지도 '어떻게' 해야 하는 것인지 상담해주는 지식이 상품화되어서 '거래'되는 것은 이 때문이다. 이 현상 자체가 거대한 '생명정치'이고, 그것이 작동하는 '관계'가 바로 '생명권력'이다. 자기계발의 논리가 갑작스럽게 붐을 일으킨 것은 아니다. 자기계발의 문제는 '민주화'와 시장주의의 도입이 본격화하면서 서서히 '삶의 철학'으로 자리를 잡았다. 자본주의에서 '자기 통치'의 완성은 '부자'가 되는 것일 테다. 한때 유행했던 숱한 '성공 스토리'는 이러한 '자기 통치'의 완성을 강조하는 자기계발서의 원형을 간직하고 있었다. 1990년대에 베스트셀러를 기록했던 조안 리 같은 '커리어 우먼'의 사연이나, '초라한 더블보다 화려한 싱글이 좋다'는 문장으로 요약할 수 있는 자유주의적 페미니즘은 결국 경제력이라는 '능력'을 내세워서 미처 성장하지 못한 여성 노동력을 새롭게 발견하는 계기를 마련했다. 조안 리는 출근하다가 가을 하늘이 아름다워 즉흥적으로 비행기를 타고 제주도로 날아간 자신의 사연을 소개하면서, 이런 자유를 만끽하기 위해 넉넉하게 돈을 벌어야 한다는 주장을 펼쳤다. 이것이야말로 오늘날 익숙한 자기계발의 논리를 태동시킨 맹아였다고 할 수 있다. 이뿐만 아니라 '인간 자본human capital'의 문제가 부각되면서 '탁월한 개인'에 대한 요구도 드높아졌다. 자기계발의 문제는 자본축적을 지속하기 위한 '통치 기술'의 변화와 관련이 있는 것이지만, 민주주의의 문제와도 무관하지 않다. '생명정치'의 렌즈를 통해 민주주의를 보면, 이 상대주의적 정치체제에서 부각되는 것은 결국 '각자 살아가는 것'의 문제이기 때문이다.

"한국의 공화주의와 사회다원주의"

자유주의 '통치 기술'의 위기와 '생명정치'의 등장이라는 흐름과 별도로 한국에서 '민주화'의 과정을 통해 형성된 시민은 기본적으로 자유주의를 바탕에 깔고 있다는 점에서 '자기 통치적이면서 행동하는 개인'이라는 정체성을 강조한다. 이들은 스스로 '깨어 있는 시민'이라고 부르기도 하는데, 이런 성향이 딱히 한국 시민사회의 후진성이나 미성숙 때문에 빚어진다고 말할 수는 없다. 오히려 이 '깨어 있는 시민'이야말로 자유주의가 이상으로 삼는 능력 있는 개인의 모습이기 때문이다. 건전하게 경제활동을 하면서 시민으로서 '공동선'을 위해 노력하는 '깨어 있는 시민'이 문제일 수는 없다. 근대 이후 민주주의에 대한 생각을 만들어내는 두 가지 전통은 고대 그리스와 로마에서 연유하는 것이라고 할 수 있다. 그렇다면 서양이 아닌 곳에서는 민주주의가 없었는가, 이런 문제가 남는데, 여기에서 더 이상 논의할 사안은 아니라고 본다. 다만 이 사실을 인정했을 때 문제는 훨씬 복잡해진다는 점을 지적하고 싶다. 민주주의라는 것이 '우리 것'이 아닌 바깥에서 들어온 외래종이라는 것이 확실해지기 때문이다. 박정희가 '토착적 민주주의' 운운한 것도 나름대로 이유가 있었던 것이다. 싱가포르의 리콴유李光耀 역시 비슷한 말을 했던 적이 있다.

아시아인은 민주주의에 적합하지 않다는 말이 술자리 단골 메뉴로 등장하는 것을 보면, 민주주의라는 것은 지금 현재 구현되어 있는 것이 아니라 앞으로 달성해야 하는 그 무엇에 가깝다. 그런데 이런 말을 우리만 하는 것이 아니라는 사실이 중요하다. 한국이야 민주주의를 수입한 곳이니까 그렇다고 쳐도, 종주국이라는 유럽과 미국에서도 민주주의는 유토피아적인 것이라는 말이 심심찮게 들린다는 것은 무슨 의미일까. 한국은 후진국이라서 민주주의에 취약하다는 믿음이 흔들리는 순간이다. 어떻게 생각하면 민주주의는 어떤 완성된 무엇이 아닐지도 모른다. 민주주의를 구성했던 그리스의 폴리스와 로마의 공화국은 모양새는 비슷해도 다소 차이를 보였다. 결정적인 것은 세속의 권력보다 더 우위에 있는 신적 권력의 존재 유무다. 근대의 공화주의는 기독교의 영향을 빼놓고 생각할 수 없다. 헬드가 지적했듯이, 기독교에서 세속의 권력은 신적 권력을 통해 인준받아야 했다. 공화주의는 이런 믿음의 체계 때문에 가능했다. 이처럼 신 앞에 모두 평등하다는 이념은 고대 그리스인에게 낯선 것이었다. 공화주의는 개인이 모두 평등하긴 평등하되, 신 앞에서 평등한 것이었다. 자유주의는 바로 이 공화주의의 바탕 위에 서 있다고 할 수 있다. 오늘날 공화주의라는 것은 공화국이라는 정치체제로 재현되고 있을 뿐, 이 자체가 어떤 독자적인 정치 이념으로 간주될 수 있는 것은 아니다. 더 이상 군주가 통치하는 국가는 존재하지 않기 때문이다. 그렇지만 한국의 경우 공화주의는 여전히 유령처럼 정치를 배회하고 있다. 2008년 촛불 집회에서 가장 많이 불리고 호응을 받은 구호가 바로 "대한민국은 민주공화국이다"는 것이었다. 2014년 발생한 세월호 참사가 해상 사고 이상의 의미로 확대되어서 정치적 파장을 낳은 것도 이런 공화주의의 문제와 무관하지 않다. 개인의 이익 추구보다도 '공동선'이 우위에 놓여야 한다는 공화주의적 원칙이 작동하지 않는다는 사실에서 기인하는 좌절감이 공감대를 형성했던 것이다.

어떻게 보면 시대착오적인 이런 공화국에 대한 열정을 어떻게 이해해야 할까. 한국에서 공화주의는 '정상 국가'에 대한 열망과 무관하지 않다. 공화주의에 대한 강력한 향수가 남아 있는 것은 일제 식민지에 대한 기억 때문이라고 볼 수 있을 것 같다. 자력으로 군주제를 폐지하지 못하고 일제를 통해 근대로 진입한 경험은 만연한 사회정치적인 문제의 원인을 '매국 세력' 탓으로 돌릴 여지를 준다. 공화주의를 여전히 유효하게 만드는 것은 이렇게 식민지 경험에 대한 민족주의적 서사화 때문일 것이다. 한편, '절대적 아버지'로 표상되곤 하는 박정희에 대한 저항의 경험도 이제는 의미를 상실한 공화주의를 여전히 현재진행형으로 인식하게 만드는 요소 중 하나라고 볼 수 있겠다. 군주나 독재에 대항해서 민주주의를 주장하는 것을 '완전한 공화국'의 요청으로 받아들이고 있는 것이 한국의 '깨어 있는 시민'인 셈이다.

그런데 앞서 설명했던 것에 비추어보면, 한국을 배회하는 공화주의의 유령에서 누락되어 있는 것이 있다. 말할 것도 없이 신의 범주이다. 신 앞에 평등이라는 생각을 빠트린 것이 한국의 공화주의이다. 그렇다면 이 공화주의의 유령은 어떤 절대적 범주를 가지고 있을까. 유럽의 공화주의가 신의 자리에 자연법을 설정했던 것처럼, 한국의 공화주의도 '자연'의 범주를 내부에 포함하고 있긴 하다. 대체로 '자연'이라는 것은 필연성을 의미한다. 한국의 맥락에서 이 필연성은 '적자생존 법칙'이다. 한국의 공화주의에서 핵심적인 것은 '약육강식' 혹은 '우승열패'의 논리인 것처럼 보인다.

이런 사정을 고려한다면, 한국에 출몰하는 공화주의의 유령은 사회다윈주의의 영향에 강하게 노출되어 있다는 생각이다. 한마디로 신이 있을 자리에 사회다윈주의의 '적자생존 법칙'이 있는 것이다. '먹고사니즘'을 내세운 '생명정치'의 논리가 한국에 신속하게 뿌리내릴 수 있었던 까닭은 이런 배경 때문일지도 모른다. 한국에서 '보수'는 자유지상주의, '진보'는 공리주의에 가깝지만, 대다수 '국민'은 '먹고사니즘'의 입장을 취한다고 볼 수 있는데, 이렇게 인간사회를 '동물의 왕국'에 비견해서 즐겨 이야기하는 대중 담론에서 사회다윈주의의 영향을 읽어낼 수 있는 것은 흥미로운 일이다. 사회다윈주의는 19세기 유럽에서 찰스 다윈Charles Darwin의 진화론을 응용해서 역사 발전 법칙을 설명하기 위해 만들어낸 속류 유물론이다. 이런 사회다윈주의는 당시 유럽에서 귀족계급에 대항했던 부르주아의 진보 사관에서 핵심을 이루기도 했다. 마치 로크나 밀이 사유재산을 옹호함으로써 귀족계급에게 자명했던 세습을 비판했던 것처럼, 사회다윈주의도 유전공학적인 논리를 동원해서 역사의 변화에 적응하지 못하는 개인이나 집단은 소멸할 수밖에 없다는 주장을 펼침으로써 귀족계급을 압박했다. 이처럼 사회다윈주의와 자유주의가 일정하게 비슷한 역할을 수행하긴 했지만 그렇다고 둘 사이에 차이가 없는 것은 아니다. 밀의 경우는 이런 발전의 문제에 개인의 자유를 배치시키면서 모두를 비슷비슷하게 만드는 발전의 논리를 비판하고 있기 때문이다. 밀은 발전보다도 고대 그리스의 개념을 따라 개인의 자유 혹은 개인성이 더 중요하다고 주장한다. 이런 사실에서 사회다원주의와 자유주의가 완전히 일치한다고 보기는 어렵다. 그러나 한국을 포함해서 아시아에 들어온 사회다원주의의 영향은 여전히 강력하게 자유주의와 연동하고 있다는 생각이다. 특히 고전적 자유주의가 미국식으로 변형을 거친 자유지상주의에 이르면 '적자생존 법칙'은 자연스럽게 시장의 경쟁 논리로 치환된다. 이런 결합이 생뚱맞다고 말할 수는 없다. 밀처럼 특이한 경우도 있긴 하지만, 자유주의 중에서도 시장의 법칙을 자연의 범주로 보고, 그 법칙을 '진리'라고 믿는다는 점에서 일반적으로 공리주의는 상당 부분 사회다원주의와 친화성을 가질 수 있는 것이다.

"사회다원주의의 유래"

역사적으로 고찰해보면, 사회다원주의는 일본과 중국이라는 두 경로로 한국에 들어오게 된 것처럼 보인다. 사회다원주의에 관한 최초의 문헌은 구한말 유길준의 〈경쟁론〉이었다.[43] 유길준은 고종

---

43 여기에 대한 논의는 박노자의 연구에 근거하고 있다. 다음을 참조할 것. Vladimir

의 지시로 일본을 시찰하는 중에 다윈주의자였던 동물학자 에드워드 모스Edword S. Morse를 만나게 된다. 모스는 19세기에 미국에서 다윈주의를 전파했던 중요한 학자 중 한 명이었다. 당시 모스는 일본에 체류하면서 동경대에서 교편을 잡고 있었다. 유길준이 모스를 처음 만난 때는 1881년이었고, 이후 귀국했다가 다시 1883년 한미 수교를 위해 도미하면서 하버드 로스쿨에 입학하기 위한 절차를 밟는 중에 모스에게 1년 동안 개인 지도를 받게 된다. 공식적으로 출판하진 않았지만 유길준은 〈경쟁론〉을 일본에서 돌아와서 미국으로 떠나기 전에 작성한 것으로 보이는데, 실학사상을 통해 봉건제의 개혁을 도모했던 19세기 아시아의 지식인이 사회다윈주의을 접하면서 변모하는 양상을 가늠할 수 있는 자료이기도 하다. 유길준의 논의에서 주목할 지점은 바로 사회에 대한 이해의 변화이다. 전통적인 유교의 관점에서 빈곤의 문제는 주권자의 잘못이었다. 그러나 사회다윈주의에 따르면 빈곤은 시장의 법칙으로 인해 발생하는 필연적인 결과이다. 노동력과 상품이 자본으로 교환되는 치열한 경쟁의 장에 적응하지 못한 이들이 빈곤층을 형성한다는 논리이다. 이것은 군자의 도리에 따라 사사로이 '경쟁'하지

Tikhonov, *Social Darwinism and Nationalism in Korea: the Beginnings (1880s–1910s): "Survival" as an Ideology of Korean Modernity*, Leiden: Brill, 2010.

말아야 한다고 가르치는 유교의 전통과 상반되는 가치이다. 유길 준과 더불어 사회다윈주의에 대해 진술한 이는 윤치호였다. 유길 준과 달리 윤치호는 영어로 쓴 자신의 일기에 주로 사회다윈주의 에 대한 논의를 담고 있다. 유길준이든 윤치호이든 사회다윈주의 를 접했던 경로는 미국이었다. 유길준의 경우 일본을 거치긴 했지 만 모스는 미국학자였다. 19세기 독일과 영국에서 발원한 사회다 윈주의가 미국에 당도한 것은 1860년대였고, 1870년대에 사회를 설명하는 유력한 이론으로 자리 잡게 된다.[44] 유길준과 윤치호가 사회다윈주의를 접했을 무렵은 다윈의 '자연선택론'을 적용해서 사회를 설명하고자 하는 이 이론이 미국에서 전성기를 구가할 때 였다고 할 수 있다. 다윈주의를 사회이론에 적용한 대표적인 미국 학자 중 한 명이 바로 윌리엄 그레이험 섬너William Graham Sumner 였다. 섬너는 자연과학자가 아니라 예일 대학의 정치경제학 교수 였는데, 1870년대에 영국의 대표적 사회다윈주의자 허버트 스펜 서Herbert Spencer의 영향을 강력하게 받았다. 그는 사회학의 정의 에 대한 논문에서 다음과 같이 말한다.

---

44 Mike Hawkins, *Social Darwinism in European and American Thought, 1860–1945: Nature as Model and Nature as Threat*, Cambridge: Camgridge University Press, 1997, p. 104.

우리는 이미 생물학 덕분에 지구상의 생명이 자연에 대항해서 싸우고 다른 형태의 생명과 경쟁함으로써 살아남을 수 있다는 사실에 대한 선험적 중요성을 알고 있다. 바로 이 사실에서 생물학과 사회학은 서로 만난다. 생물학과 나란히 사회학은 생존 투쟁을 통해 만들어지는 현상 중 하나의 범위를 다루는 과학이다. 서로 다른 영역에서 활동하고 서로 다른 조건이지만, 그 속성은 동일하다.[45]

사회학을 생물학이라는 자연과학과 동일한 학문으로 간주하는 섬너의 관점에서 사회다윈주의의 핵심 논리를 알 수 있다. 이렇게 사회를 사회다윈주의의 관점에서 파악할 경우, 필연적으로 사회를 유기체적인 것으로 인식할 수밖에 없다. 빈곤도 경쟁에서 뒤처진 개인의 적응력 문제에 지나지 않는다. 자연에서 '최적자'라는 것이 반드시 강한 종을 의미하지 않는다는 사실도 간과된다. 자본주의 경제에서 부wealth라는 것은 화폐의 추상화로 인한 자본의 축적이지만, 사회다윈주의의 관점에서 본다면 개인 능력의 문제로 쉽게 치환할 수 있다. 무엇보다도 심각한 문제는 사회의 발전을 오직 경쟁의 관점에서 이해하고자 한다는 점에 있다. 경쟁을 '자연법

---

45 William Graham Sumner, *Collected Essays in Political and Social Science*, New York: Henry Holt, 1885, p. 14.

칙'으로 인준함으로써 여기에 위배되는 사회적 가치는 도태될 수밖에 없는 것으로 받아들이게 만든다. 푸코가 말한 시장의 '진리'와 사회다윈주의의 경쟁 논리는 이런 측면에서 유사한 관점을 보여준다고 하겠다. 물론 19세기 유럽의 사상 지형도에서 사회다윈주의는 정치적으로 '진보'에 속했고 공리주의와 마찬가지로 급진적인 입장을 취했다. 사회다윈주의는 군주제의 폐지와 부르주아의 부상을 '진화'라는 필연성의 논리로 설명할 수 있는 '과학 이론'이었다. 그러나 20세기에 이르면 문제가 달라진다. 사회다윈주의의 관점에서 본다면, 전쟁마저도 '최적자생존'을 위한 투쟁처럼 보이기 때문이다. "세계대전은 살아남기 위해 당신의 경쟁자를 죽여야만 한다는 생각에서 나온 논리적 귀결"이라고 말했던 에드거 히어먼스Edgar Heermance처럼 제1차 세계대전을 사회다윈주의의 관점에서 옹호하는 것도 전혀 이상하지 않게 되는 것이다.[46] "적자생존의 법칙은 동물의 왕국뿐만 아니라 민족들에게도 해당한다"는 발언은 1898년에 존 배럿John Barrett이라는 아시아 문제 논평가가 했던 말이다. 이런 생각은 분명히 유길준이나 윤치호에게 깊은 인상을 남겼을 법하다. 그러나 유길준과 윤치호는 엘리트주의자였

---

46 Robert C. Bannister, *Social Darwinism: Science and Myth in Anglo-American Social Thought*, Philadelphia: Temple University Press, 1979, p. 259.

고, 이들에게 사회다윈주의의 테제는 '조선의 식민지화'를 정당화해주는 과학적 법칙에 불과했다. 19세기 유럽에서 일정하게 '진보주의'의 역할을 담당했던 사회다윈주의가 아시아에 오면 식민지를 정당화하는 논리로 이용될 수 있다는 것을 보여주는 사례가 유길준과 윤치호이다. 그러나 유길준과 윤치호가 한국에서 처음으로 사회다윈주의에 대해 저술을 남기긴 했지만, 실제로 그 영향력은 그렇게 크지 않았을 것이다. 유길준의 〈경쟁론〉은 출판되지 않았고, 윤치호의 글은 영어로 적힌 사적인 일기였다. 게다가 당시 한국은 일본어나 영어 문화권이었다기보다 중국어 문화권이었다. 이런 사실을 감안한다면, 지금 현재 목격할 수 있는 '대중적 이데올로기'로서 기능하고 있는 사회다윈주의의 유산은 중국을 통해 유입되었다고 보는 것이 더 설득력 있을 것이다.

1905년 10월 13일 중국 상하이에 있던 YMCA에서 의미심장한 강좌가 열렸다. 강사는 옌푸 嚴復라는 정치평론가이자 번역가였고 주제는 정치학이었다. 옌푸는 최초로 영국 유학길에 올랐던 중국 학자로 토머스 헉슬리Thomas Huxley나 허버트 스펜서의 저서들을 중국어로 번역해서 이름을 얻었다. 러일전쟁과 청일전쟁을 거치면서 그가 번역한 19세기 영국의 정치철학서들은 중국 지식인들 사이에 반향을 불러일으켰다. 그중에서도 특히 '천연론'이라는 제목으로 번역된 헉슬리의 《진화와 윤리Evolution and Ethics》는 사회다원주의를 본격적으로 중국의 정신세계로 도입하는 통로 역할을 했다. 당시 중국 지식인들은 두 전쟁에서 드러난 일본의 군사력을 '국가 발전'의 증표로 생각했다. 일본이 일찍이 서양처럼 입헌국가를 설립했기에 러시아와 중국에 대해 우위를 점할 수 있다고 믿었던 것이다. 국가 발전의 단계를 진화론적인 관점에서 설명한 스펜서의 영향을 읽을 수 있는 대목이다. 이런 영향은 중국 지식인들에 그친 것이 아니었다. 1905년에 이루어진 옌푸의 정치학강좌는 유력한 잡지에 연재되거나 전재되었고, 후일 '정치강의'라는 제목으로 출판되었다. 당연히 동시대 아시아인에게 많은 영향을 끼쳤을 것이다. 특히 1900년대에 '부국강병'을 꿈꾸며 근대 문물을 중국으로부터 수입했던 구한말 지식인들의 입장에서 군주제를 폐지하고 입헌국가로 가야 한다는 사회다원주의에 입각한 역사 발전의 이론은 사뭇 신선하지 않았을까. 옌푸가 주장한 입헌국가야말로 공화국에 다름 아니었던 것이라면, 여기에서 공화주의의 이념은 사회다원주의의 세례를 받으면서 정당성을 획득했다고 할 수 있다. 군주제를 벗어나지 못하고 있던 아시아에서 공화주의는 '진화한 정치 이념'이었고, 공화국이라는 입헌국가는 경쟁에서 살아남은 '최적자'였을 것이다. 옌푸는 이렇게 말한다.

생물학과 동식물학을 연구하는 서양인 학자를 생각해보기 바랍니다. 그들은 한 사람과 한 마리 짐승, 한 그루의 풀과 나무의 생명을 연구하면서, 사람과 짐승, 풀과 나무에 비길 수 없다는 것은 잘 알고 있습니다. 그렇지만 그중에는 완전히 자연적인 요인으로 이루어지고 인간의 힘이 미칠 수 없는 부분이 있습니다. 국가의 존립은 자연의 운행이 주재합니다. 자연의 운행은 목적이 없습니다. 그래서 스펜서 등은 국가사회를 생명을 지닌 거대한 유기체이며 다른 유기체와 마찬가지로 생로병사의 과정을 지니고 있다고 간주하였으며, 각 국가를 비교하여 매우 자세하게 연구하였습니다.[47]

이런 진술은 앞서 인용한 섬너의 사회학에 대한 규정을 연상시킨다. 옌푸의 주장에서 흥미로운 것은 "국가의 존립"을 "자연의 운행"이 주재한다는 발상이다. 국가의 생존 여부는 자연의 법칙에 따르기 때문에 그것을 연구하는 '정치학'도 자연과학과 같다는 것이다. 이런 맥락에서 목적 없는 자연의 법칙으로 작동하는 국가의 흥망, 이것이야말로 역사라는 비극을 구성하는 요소이다. 사회다원주의에 따르면 삶은 생존경쟁의 전쟁터이고, 국제 관계는 약육강식의 세계이다. 어떻게 생각하면, 이렇게 20세기 초반으로 거슬러 올라 발견한 옌푸의 생각이야말로 공화주의의 유령을 한국에

47 옌푸, 《정치학이란 무엇인가》, 양일모 옮김, 성균관대학교 출판부, 2009, 63쪽.

서 여전히 존속시키는 상상의 원천일지도 모른다. 이 상상의 세계에서 한국이라는 공화국은 진화의 생존경쟁에서 낙오한 '약자'이거나, 아직도 완성에 이르지 못하고 끊임없이 진화해야 하는 '비극적인 유기체'이기 때문이다.

"21세기 한국의 사회다윈주의"

이런 까닭에 오늘날 21세기 한국에서도 옌푸와 유사한 주장을 발견하는 것은 그렇게 어렵지 않다. 오히려 한국의 경우는 '진보'에 동의하는 이들 사이에서 이런 주장을 많이 접할 수 있다는 것이 특이하다면 특이할 것이다. 한국의 '진보주의'에 가장 큰 영향을 미친 사상가는 카를 마르크스Karl Heinrich Marx라기보다 찰스 다윈인지도 모른다. 이렇게 사회다윈주의의 흔적을 발견할 수 있는 흔한 사례 중 하나가 한국의 문제를 제도나 문화의 후진성에서 찾는 태도일 것이다. 선진국과 후진국이라는 분류 자체가 국가를 유기체로 파악하는 사고의 결과물이다. 국가를 이렇게 이해할 경우에 단일한 국가 정체성을 구성하기 위해서는 이질적인 요소를 당연히 배제해야 한다고 생각할 수 있다. 이런 관점에서 우생학적인 '인종 우월성'도 정당화되는 것이다. 혈액형으로 성격을 진단하는 문화가 만연한 것도 이런 경향성의 일단을 보여준다고 하겠다. 성격이나 능력이 '타고나는 것'이라고 믿는 그 태도에 이미 사회다윈주의의 영향이 스며들어 있는 것이다. 게다가 한때 퇴조했던 사회다윈주의는 사회선택론social selection theory이라는 다윈주의적 사회학의 얼굴로 다시 복귀하고 있는 중이다. 사회선택론을 뒷받침하는 결정적 개념이 바로 리처드 도킨스Richard Dawkins의 밈meme이다. 밈은 유전자를 통하지 않고 개인에서 개인으로 전해지는 문화의 요소나 행동 체계를 의미한다. 사회선택론이 다루고자 하는 것은 개인의 마음이나 개인과 제도의 이항관계에서 확인할 수 있는 정보라기보다 "선택 압력으로 작용하는 환경과 직접적으로 상호작용하는 전달자들"이다.[48] 이런 관점에서 정보의 전달자는 단순한 전달자에 머무는 것이 아니라 '상호작용자'로 재정의되어야 한다는 논지이다. 이 논리에서 알 수 있듯이, 개정증보판 다윈주의 사회학이라고 할 수 있는 사회선택론은 19세기 사회다윈주의보다 훨씬 복잡하고 다양한 근거에서 주장이 개진되고 있다는 사실을 알 수 있다.

여하튼, 한국에서 이른바 '진보'로 분류되어왔던 사고에 사회다원주의에 바탕을 둔 공화주의가 깔려 있다는 점은 분명 흥미로운

---

[48] W. G. Runciman, *The Theory of Cultural and Social Selection*, Cambridge: Camgridge University Press, 2009, p. 29.

현상이다. 한국에서 쉽게 발견할 수 있는 '진화'와 '진보'를 동일한 것으로 간주하는 태도는 좌파나 우파를 막론하고 필연성의 논리로 사물 현상을 파악하게 만든다. 운명론에서 경영론까지 한국을 지배하고 있는 사상은 실질적으로 사회다윈주의의 프레임에 크게 빚지고 있다. '생명정치'를 체현하고 있는 자기계발의 논리 역시 이런 프레임에 입각해 있다고 볼 수 있다. 87년 체제를 떠받치고 있는 도시중간계급은 자기계발의 논리와 떼려야 뗄 수 없는 관계를 이룬다. 아파트 열풍과 교육 열풍이 서로 맞물려 있었다는 것을 상기해보자. 좋은 학군에 자식을 편입시키려는 교육 열풍이 없었다면 아파트 개발 열풍도 크게 힘을 받지 못했을 것이다. 게다가 그 이후에 이어진 조기 유학 열풍은 도시중간계급과 자기계발의 논리가 밀접하게 관련되어 있다는 사실을 증명하고도 남는 사례일 테다. 자기계발의 목표는 무엇인가. 한마디로 시장에 자기를 적응시키는 것이다. 자기계발의 논리가 말하는 능력은 말할 것도 없이 시장에 대한 개인의 적응력을 의미한다. '노동유연화'에 적응할 수 있는 변화무쌍한 업무 능력을 갖추는 것이나, 세계화에 적응하기 위해 영어 능력을 갖춘 글로벌 인재가 되는 것이나, 실제로 주어진 환경에 대한 적응 여부로 성공을 판가름하는 적자생존의 논리에 지나지 않는다. 자기계발 논리의 문제점은 바로 이것이다. 자기계발 자체가 문제라기보다 자신을 둘러싼 환경을 상수로 두고, 그것에 적응하는 것을 능력이라고 가르치는 한계가 문제이다. 이런 논리에서 진화의 문제를 "자연의 운행"으로 파악하는 사회다윈주의의 흔적을 확인하는 것은 어렵지 않다. 이런 사회다윈주의의 잔재와 앞서 이야기한 '생명정치'의 문제는 서로 상호작용하면서 복합적인 이데올로기를 구성하는 것 같다. 이데올로기는 단일하지 않고 복잡하게 얽히고설켜 있는 법이다. 구한말 사회진보의 법칙을 설명하기 위해 유입된 사회다윈주의가 21세기 한국에서 '살아가는 것'의 법칙 또는 '먹고사니즘'을 설명하는 '생명정치'의 논리와 결합했다고 볼 수도 있다. 이것은 앞으로 계속 고민해야 할 흥미로운 문제이다.

6. 민주적 자본주의라는
환상

한국에서 진행된 '민주화'와 '민주적 자본주의'의 안정화는 밀접하게 관련을 맺고 있다. "권력은 시장으로 넘어갔다"는 발언은 위기의 원인이자 중심이었던 '민주적 자본주의'에 대한 신념을 가감 없이 드러낸 것이었지만, 그것은 바로 위기의 시작을 알리는 신호이기도 했다.

***

앞서 이야기했듯이, 도시중간계급은 노동자이면서 동시에 소비자라는 이중성을 통해 규정받지만, 후자의 이미지를 통해 전자는 종종 망각되거나 배제되었다. 재벌 중심의 경제구조와 이후 도입된 부동산과 증권이라는 금융자본주의의 지표들은 시장주의의 확산을 민주주의의 완성으로 생각하게 만들기에 충분했다. 로장발롱이 언급한 반-민주주의의 '감시 권력'은 이 과정에서 만들어졌다. 시장의 투명성을 위한 '감시'는 '깨어 있는 시민'의 소비자 주권이기도 하다. 1980년 광주민주화운동과 1987년 6월 항쟁을 통해 분출한 민주주의에 대한 요구가 시장주의를 '정상화'로 받아들이는 과정으로 귀결된 것은 극적인 느낌마저 자아낸다. 한때 이런 상황을 두고 한국을 '민주적 자본주의'를 실현한 모범국이라는 말이 나오기도 했다. '민주적 자본주의'라는 것은 자본주의의 발전이 민주주의를 이룩한다는 주장이다. 밀턴 프리드먼Milton Friedman처럼 자유지상주의에 근거한 경제학자들이 설파한 사상으로 박정희 체제 이후에 진보와 보수를 막론하고 이런 논리는 한국에서 강력한 영향력을 발휘했다.

1990년대 이후 한국의 '보수'가 지지한 이념은 '민주적 자본주의'였다. 아니 더 정확하게 말하면, 한국에서 '보수'는 자유지상주의를, '진보'는 혁명적 자유주의나 공리주의를 지지했다고 볼 수 있다. 둘 중 어디에도 속하지 않는 마르크스주의나 급진 민족주의도 일부 지지세를 가지고 있었지만, '민주화' 과정에서 점차 주변화되었다. 같은 진보적 자유주의라도 '인권'을 중시하는 혁명적 자유주의의 입장과 '제도 개혁'에 집중하는 공리주의적 입장으로 나뉘는데, 후자가 전자의 주장을 가끔 '과잉'이라고 비판하기도 했다. 그러나 이런 사상적인 경합과 상관없이 경제적 차원에서 노동시장의 유연화가 진행되고 인재 육성과 생산성의 상관관계가 운위되던 한편으로 정치 이념 차원에서 자본주의가 민주주의를 추동한다는 명제가 대다수에게 금과옥조처럼 받아들여졌다. '모두가 부자 될 수 있는 자본주의'나 '인민자본주의' 같은 캐치프레이즈가 이 때문에 가능했다. 생각해보라. 얼마나 멋진 유토피아인가.

모두가 부자 되고 권력의 주인이 된다는데, 이보다 더 환상적인 약속은 없을 테다. '진보' 내에서도 자본주의를 극단적으로 반대하는 이들을 제외하고, 이런 전제를 근본적으로 거부하는 경우는 보기 어려웠다. 결과적으로 한국 사회에서 '위기'는 자본주의의 위기를 의미했고, 이것이 곧 민주주의의 문제로 받아들여졌다고 할 수 있다. 그러나 이것은 본질적으로 '진보'라는 이름으로 구축하고자 했던 자유주의의 '통치 기술'이 위기에 빠진 상황이었다. 혁명적 자유주의 운동이 퇴조하고 공리주의적 기획이 대세를 이루긴 했지만, 김대중-노무현 정부를 거치면서 선출된 민주주의에 저항하는 반-민주주의의 '불신'은 극에 달해 있었다. 이 '불신'을 등에 업고 이명박 정부가 들어서게 되었던 것이다.

자유주의가 대세를 이룬 상황에서 좌파와 우파의 구분은 무의미해졌다. 자유주의 자체가 양가적이라는 점에서 그렇다. '민주화'가 진행되는 동안 경제 칼럼에서 가장 눈에 많이 띈 구절은 흥미롭게도 '시장의 왜곡'이었다. 정부 규제 완화나 노동조합의 파업 자제를 호소하는 근거도 여기에 있었다. 무엇보다 남한과 북한을 비교하면서 남한이 체제 경쟁에서 성공할 수 있었던 근거로 '민주적 자본주의'의 성공을 예로 들곤 했다. '민주적 자본주의'는 미국 자본주의를 지탱하는 이념이기도 하다. 이 이념의 핵심은 시장 기반 경제가 민주적 정책, 성실한 납세, 개방적 자유주의를 지지하는 도덕적인 책임감을 통해 유지된다는 것이다. 개방성에 근거한 다양성에 대한 지향이 '민주적 자본주의'의 미덕이라고 할 수 있다. 시장의 다양성이 개방성의 지표였고, '시장의 왜곡'이라는 것은 국가의 간섭이나 독점에 의한 획일성을 의미했다. '민주적 자본주의'는 제2차 세계대전 이후 미국을 중심으로 형성된 세계 체제에서 획기적 성공을 거뒀다. 특히 한국의 사례에서 확인할 수 있듯, 이런 논리가 군사독재가 전횡을 휘둘렀던 '개발도상국'에 민주주의를 강제하게 했다.

한국에 대한 미국의 태도도 마찬가지였다. 미국이 한국에 바란 민주주의는 자본주의화를 전제하는 것이었는데, 이른바 '민주화' 이후를 되돌아보면 한국 사회가 참으로 성실히 이런 이념을 실천했음을 알 수 있다. 역설적으로 '보수'보다도 '진보'가 더 열심히 '민주적 자본주의'의 긍정성을 신뢰한 것처럼 보일 정도이다. '진보'를 표방했으면서 신자유주의 정책을 강력 추진한 것으로 비판받는 정부들도 실제로 실천한 내용을 보면 '민주적 자본주의' 원칙에 충실하고자 했던 것이라고 볼 수 있다. 지금 한국 사회는 '민주적 자본주의'라는 이념을 공유하고 있다는 점에서 '진보'와 '보수'가 따로 없는 셈이다. 볼프강 스트리크Wolfgang Streeck는 2011년《뉴레프트리뷰New Left Review》에 기고한 글에서 고도성장이 멈춘 1970년대부터 '민주적 자본주의'가 위기에 봉착했다는 사실을 강조했다.[49] 그나마 조화롭게 보였던 민주주의와 자본주의가 경기 침체라는 위기 상황에서 불일치를 드러냈다는 것이다. 이후 전개된 다양한 정책들은 이 갈등을 봉합하기 위한 것이었다는 가설이다. 한국에서 진행된 '민주화'와 '민주적 자본주의'의 안정화는 밀접하게 관련을 맺고 있다. "권력은 시장으로 넘어갔다"는 발언은 위기의 원인이자 중심이었던 '민주적 자본주의'에 대한 신념을 가감 없이 드러낸 것이었지만, 그것은 바로 위기의 시작을 알리는 신호이기도 했다.

결론적으로 말하자면, 박근혜 정부는 '민주적 자본주의'의 위기와 진보적 자유주의의 '통치 기술'에 피로를 느낀 보수와 중도의 선택이었다. 따라서 이 정부가 자본주의보다 민주주의에 방점을 찍을 이유는 전혀 없다. 민주적 정책과 자본시장의 논리가 충돌할 경우 후자를 더 중요하게 생각할 것이라고 예측할 수 있다. 이런 경향은 자본주의 논리를 철저히 관철하는 것이 민주주의 완성이라는 착각을 더 가속화할 것이라고 본다. 역설적으로 한국의 이런 선택은 민주주의 없는 자본주의가 가능함을 암시한다. '민주적 자본주의'는 불가능했던 것이다. 민주주의와 자본주의가 서로 충돌하는 명제임을 박근혜 정부의 출현이 증명하고 있다.

---

49 Wolfgang Streeck, "The Crisis of Democratic Capitalism", *New Left Review*, 71, 2011.

"민주주의 없는 자본주의"

이처럼 87년 체제의 타협 덕분에 한동안 '민주화'의 주역이었던 도시중간계급은 시장주의를 통해 만들어진 평등의 고원에서 "너도 즐기는 만큼 나도 즐겨야 한다"는 정언명령에 충실한 삶을 영위할 수 있었다. "소득증대 멸공방첩"이라는 표어로 상징되는 박정희 체제의 논리가 경제 발전을 통해 공산주의에 승리한다는 목표를 설정한 것이라면, 경제 발전을 민주주의의 조건으로 설정하는 '민주적 자본주의'는 박정희 체제 이후에 민주주의를 지향하는 이들 사이에서 광범위하게 합의된 목표였다. 이를 통해 한국은 정치적 입장을 떠나서 자본주의의 '정상화'를 곧 민주주의의 완성으로 생각하는 분위기가 대세를 형성했다고 할 수 있다. 자본주의의 '정상화'에서 걸림돌로 작용하는 것은 두말할 것도 없이 정치라는 과잉이다. 의회정치라는 시장자유주의의 장치를 벗어난 정치는 손쉽게 '광신'으로 치부되었다. 합리적인 논의를 통한 합의라는 절차가 중요해졌다. '보수'든 '진보'든 이런 절차에 동의하면 합리적 보수이거나 성찰적 진보로 불렸다. 분명한 사실은 이런 '정상화'가 반드시 부정적인 것만은 아니었다는 사실이다. 자본주의의 '정상화'라는 것은 결과적으로 유럽과 북미에 형성되어 있는 이른바 선진자본주의 체제에서 통용되는 원칙들을 수용한다는 것을 의미했다. 이 수용의 과정은 노동문제에서 자본의 전횡을 견제하는 규정을 도입하는 것이기도 했다. 그러나 어떻게 이런 원칙의 형성이 가능할 것인지에 대한 뾰족한 방법은 없는 것이 현실이다. 지배계급의 양보를 얻어내는 것이 유일한 해결책이라는 점에서 이런 생각은 제한적일 수밖에 없다. 데모스demos[50], 다시 말해서 대중의 정치 운동을 통한 정치의 복원만이 원칙에 대한 합의를 이끌어낼 수 있다는 것이 유럽 선진자본주의 국가의 교훈이었지만, 한국에서 이런 이야기를 하는 것은 위험 부담을 감수해야 하는 일이다. 사민주의를 주장하는 이들조차도 몰두한 것은 어떻게 실현 가능한 대안 정책을 만들어서 유권자의 선택을 받을 것인지에 대한 문제였다. 그 결과 대중의 정치 운동이 와야 할 자리에 안철수 현상이 오고, 후보 단일화라는 구태의연한 정치공학이 한계에 부딪히면서 박근혜 정부가 등장했다는 사실을 직시할 필요가 있다. 이 지점에서 박근혜는 무엇인지 또는 정확하게 말하자면 무엇의 이름인지 묻지 않을 수 없다. 안철수든 박근혜든 사실은 동일한 정치의 열망이 다르게 표현된 것이다. 로장발롱이 말하는 것처럼 정당 정치로 재현되었던 정치가 퇴조하고 정치인 개인의 명망만을 '신

---

50 랑시에르에 따르면, 데모스는 인민, 국민, 시민 같은 '자격' 또는 '능력'을 통해 규정되지 않는, 자신의 몫을 요구하는 무리를 의미한다. '아무나'이면서 동시에 모두를 대표한다고 주장하는 정치적 주체가 바로 데모스이다.

뢰'의 기준으로 삼는 '비정치'의 시대가 도래했다는 것을 두 이름 은 말해준다. 다시 말해서, 과거처럼 특정한 정당을 통해 이념이나 정책에 지지를 보내는 정치의 방식이 아니라, 만인이 만인을 감시 하는 반-민주주의와 선출된 민주주의 사이에서 벌어지는 비정치 의 정치라는 조건에서 누구라도 명망만 얻는다면 유력한 정치인 이 될 수 있는 상황이 벌어진 것이다. 지금은 그 이름이 안철수이 고 박근혜이지만, 나중에 누구든 그 이름이 될 수 있다는 뜻이다.

"87년 체제의 종착역"

이런 의미에서 안철수와 더불어 박근혜는 단순한 이름이라기보 다 87년 체제의 종착역을 지시하는 상징이다. 87년 체제를 탄생시 킨 급진적 자유주의 운동이 쇠퇴하고 공리주의에 입각한 '통치 기 술'의 확립을 도모했던 일련의 과정, '진보'가 '민주화'라고 불렀 던 그 '정상화'의 기획이 한계에 부딪힌 결과가 '박근혜'라는 이름 인 것이다. 박근혜는 개인의 이름이라기보다, 한국에서 작동하는 선출된 민주주의 권력에 반대하는 반-민주주의의 이름이다. 집 권 이후 보인 대통령 박근혜의 행보는 이 사실을 증명한다. 2013 년 11월 18일 새해 예산안과 관련해 국회에서 새로운 정부의 대통 령은 시정연설을 했다. 당시 의회에서 벌어지고 있는 정치적인 교착 상황을 타개하기 위한 정치적 해법을 요구하는 분위기였지만, 이런 기대를 배반하며 대통령은 처음부터 끝까지 경제 문제를 부각시키면서 "정치의 중심은 국회"라고 못 박았다. 이에 그치지 않고 국회에서 합의하면 자신은 모든 것을 기꺼이 수용하겠다고 말하기도 했다. 일부에서 이런 발언을 두고 대통령이 책임을 국회에 전가해버렸다고 비판했지만, 중요한 것은 시정연설의 의도라기보다 이렇게 행정부의 수반이 정치적 문제를 회피하더라도 제지할 방법이 없다는 점일 것이다. 흥미롭게도 대통령이 시정연설에서 말한 내용은 교과서에 나오는 자유민주주의 이념의 삼권분립에 근거하고 있다. 의무교육을 준수한 이들라면 누구나 알고 있는 내용이다. 한번 찬찬히 뜯어보자. 최소한 시정연설에서 대통령은 의회정치를 부정하고 있지 않다. 의회정치에서 논의하지 못할 것은 없다는 태도는 과거 그의 아버지와 사뭇 다른 것처럼 보인다. 앞에서 말했듯이, 그의 아버지 박정희는 의회정치를 혐오했고 정치인들을 '쓰레기'에 비유했다. 그에게 정치는 국가 발전을 저해하는 소음이나 병균에 지나지 않았다. 따라서 시정연설에서 확인할 수 있는 대통령의 인식은 의회정치와 시장주의를 중심 가치로 받아들인 박정희 체제 이후에 속한다고 할 수 있다. 이것은 혈연관계로 박근혜와 박정희가 서로 얽혀 있는 것과 아무 관련이 없는 현실이다.

의회정치에 대한 대통령의 발언은 공고한 국민의 지지에서 기인하는 것이기도 하다. 아무리 하락하더라도 40% 아래로 지지율이 내려가지 않는다는 것이 그의 지지 기반이다. 이 지지 기반은 어디에서 연유하는 것일까. 또 다른 '정상화'의 논리를 펼치고 있는 이른바 '진보'는 이 지지 기반을 '광신'으로 규정한다. 그러나 내가 생각하기에 이 지지 기반이야말로 박정희 체제를 공화주의적인 경험으로 받아들이고 있는 집단이다. 철지난 공화주의의 유령은 '진보'든 '보수'든 가리지 않는다. 다만 이 유령은 이제 '효율성' 또는 '효용성'이라는 공리주의적 믿음과 하나가 된 것처럼 보인다. 치열한 생존경쟁에서 살아남을 '강력한 공화국'을 위해 비효율적이고 효용성 없는 '상대방'은 사라져야 한다. 물론 이런 대립 구도는 허구이지만, 실제로 개인의 불행을 제도의 문제로 치환한다는 점에서 그것을 오직 개인의 문제로 받아들이게 만드는 자유지상주의보다는 훨씬 급진적인 것이라고 할 수 있다.

"국가와 부르주아"

공화주의라는 것은 일정하게 '공동선'에 대한 지향을 내포한다. 사회다원주의의 프레임이 여전히 작동하는 한국에서 '공동선'은 열강과 치열하게 겨루기 위한 '경제 발전'이고 마침내 성취할 '선진국' 또는 '정상 국가'이다. 박정희는 자신의 체제를 공화국이라고 지칭하고 '토착적 민주주의'를 주창했다. 물론 반복하자면, 인류의 역사에서 모든 독재자는 자신을 민주주의자라고 규정하고 자신의 정치체제를 민주정권이라고 불렀다. 그러나 이런 호명이 실질적인 정치력을 발휘할 때 문제는 달라진다. 어떻게 생각하면, 박근혜 정부야말로 시장의 '진리'를 강제하면서 국가와 사회를 압박했던 자유주의의 '통치 기술'에 대해 피로감을 느낀 이들이 과거의 공화주의적인 경험을 다시 복원하고자 만들어낸 합의의 산물일지도 모른다. '박근혜'라는 이름은 자유지상주의에 위협적인 것이다. 오히려 이 이름이 대표하는 것은 박정희 체제라는 구체적인 역사적 경험에 기초하고 있는 공화주의적인 이상이다. 도대체 이 이상은 무엇이었을까. 말할 것도 없이 국가와 부르주아의 일치이다. 박정희 체제는 '자본가 있는 자본주의'를 지향했지만, 그렇다고 부르주아가 '인격화한 자본'의 역할을 할 수는 없었다. 자본이 곧 국가였고, 국가가 곧 자본이었다. 부르주아도 국가와 일치하는 한에서 자신의 능력을 인정받을 수 있었다. '민주화'는 이런 부르주아에게 '인격화한 자본'이라는 위상을 부여했다. 비로소 자본은 국가의 감옥에서 해방되어서 부르주아의 품에 안겼다. 국가가 누구의 소유도 아니라는 사실을 상기한다면, 더 이상 국가 주도의 경제개발이 불가능한 시대에 국가와 부르주아가 일치할 때 득을 보는 쪽은 어딜까. 당연히 부르주아이다. 이렇게 보면, 박근혜 정부야말로 자본의 입장에서 자신들의 이해관계를 제대로 관철시킬 수 있었던 가장 안전한 체제였다고 볼 수 있다. 이런 사실을 토대로 군사독재 이후 미국을 통해 유입된 '민주적 자본주의'를 신봉해왔던 한국의 권력 엘리트들이 결과적으로 봉착하게 된 것이 박근혜 정부라는 사실을 직시할 필요가 있다. 이것은 '민주적 자본주의'를 떠받치고 있던 자유지상주의의 위기를 의미한다. 이 위기를 해결하기 위해 이들은 박근혜의 이름을 불렀다. 이들은 그 누구보다도 박근혜가 박정희일 수 없다는 사실을 잘 알고 있다. '민주화'의 완성이 '박근혜'라는 이름을 호명했다는 것이 무엇을 의미하는지 고민해봐야 하는 것이다.

7. 안전 사회에 대한 요청

도시중간계급에게 안전을 보장해줄 수 있는 국가는 '정상 국가'일 것이다. 앞에서 제시했던 것처럼, 그러나 이들이 원하는 정상 국가는 '중립'에 존재하는 국가이다. 어디에도 편향되지 않는 중립적인 국가에 대한 요청은 정치를 배제하고 행정 기능만 남겨놓은 정부에 대한 구상으로 이어진다. 전문가주의는 여기에서 정치와 경제를 분리시키려는 부르주아 국가의 이상을 지지한다.

***

권력 엘리트가 박근혜의 이름을 불렀다고 해서 모든 것이 해결되는 것은 아닐 테다. 이제 한국은 민주주의의 원칙을 준수해야 한다. 그렇지 않을 경우, '감시 권력'의 압박을 피하기 어렵다. 광범위한 '국민'의 지지가 없다면 특정 이름이 현실의 권력으로 실현되는 것은 불가능하다. 박근혜 정부가 출현한 까닭은 각자도생의 자기계발이 한계에 부딪혔기 때문이기도 하다. 이런 의미에서 같은 정당에 기반을 두고 있지만 박근혜 정부와 이명박 정부는 일정하게 차별성을 갖는다. 이명박 정부는 도시중간계급의 자기계발을 지속시켜달라는 요청의 산물이었다. 당시 이명박 정부를 지지했던 이들은 '지금 이대로'를 외치면서 증상을 계속 즐기게 해달라고 바랐던 것이다. 노무현 정부가 보여줬던 피곤한 정치를 접고, 오직 경제만 제대로 맡아주면 된다는 바람이 팽배했다. 민주주의에 대한 피로라고 볼 수 있겠지만, 결과적으로 이명박 정부에 대한 지지는 반-민주주의라는 입장에서 보면 당연한 것이었다. '이명박'이라는 이름은 '박근혜'라는 이름처럼 의회정치 내에서 출현한 것이 아니었다. 그는 평범한 샐러리맨의 우상이었다. 그의 이름 역시 박근혜나 안철수처럼 비정치의 정치를 보여주는 사례였다.

"비정치의 정치와 국가의 중립화"

슈미트를 변주해서 말하자면, 이런 비정치의 정치는 필연적으로 '중립국가statio neutrale'에 대한 요청과 결합한다. '중립국가'는 말 그대로 누구의 편도 들지 않고 중립화한 국가를 말한다. 처음 슈미트가 이 개념을 사용했을 때 염두에 둔 것은 '중심화'와 반대되는 의미였다. 슈미트에게 '중심화'라는 것은 어떤 입장을 정하고 편을 갈라서 서로 다툼을 벌이는 것을 뜻한다. 대표적으로 종교가 그렇다.[51] 국가의 중립화에 결정적인 역할을 하는 것은 지식

---

51 여기에 대한 논의는 다음을 참조할 것. Carl Schmitt, *The Concept of the Political*, trans. George Schwab, Chicago: The University of Chicago Press, 2007, p. 89.

이다. 지식은 지식인의 활동을 통해 만들어지는 것으로 기본적으로 중립성을 띤다. "지식의 중립성"을 통해 점차 유럽의 국가는 중립화되었다는 것이 슈미트의 견해이다. 이 과정은 과학적 지식을 통해 역사의 법칙을 설명하려는 단계들을 포함한다. 오귀스트 콩트Auguste Comte의 역사발전단계론(콩트의 3단계 발전설)이나 스펜서의 군국 시대에서 산업 시대로 이행하는 사회다윈주의나 모두 국가의 중립화를 재촉한 원인이었다. 법칙의 강조는 개인의 역할을 최소화한다. 또한 진리를 추구하는 탁월한 개인이라면 법칙을 거스르지 말아야 한다. 법칙이 곧 진리이기 때문이다. 이렇게 법칙을 거스르지 않는 것을 '도덕성'이라고 명명한 것이 이마누엘 칸트 Immanuel Kant일 것이다. 칸트뿐만 아니라 영국의 도덕철학자들도 시종일관 신학적인 도그마에 대항해서 개인의 도덕성을 강조하는 모습을 보여준다는 점에서 슈미트의 주장은 흥미롭다고 할 수 있다. 칸트와 영국의 도덕철학자들에게 신이라는 것은 세계로부터 퇴거해서 현실에서 벌어지는 삶의 쟁투를 중재하는 중립성의 존재에 지나지 않았다.

19세기에 접어들어 국가의 중립화에 중요한 역할을 했던 것은 바로 경제에 대한 지식이었다. 국가와 사회를 경제법칙에 맞춰서 설명하기 시작하면서 더 이상 이념의 진리를 놓고 펼치는 정치투쟁은 필요하지 않게 되었다. 슈미트는 마르크스와 같은 사회철학자가 실제로 경제 전문가였다는 사실을 지적한다. 경제법칙을 연구하는 것이 19세기 지식 생산 체계에서 대단히 중요한 문제였던 것이다. 한국에서 '중립국가'는 이른바 도시중간계급 또는 시민계급의 숙원이었다. 이른바 합리적 보수와 성찰적 진보가 만나는 지점이 이것이다. 합리적 보수나 성찰적 진보가 추구하는 것은 '국가와 사회 발전의 법칙'을 정확하게 파악하기 위한 '소통의 장'이었다. 소통이 가능하려면 도그마나 억견을 제거한 중립지대가 필요하다.

"도시중간계급과 멘붕"

이런 관점에서 이들은 시장에 개입하지 않는 정부 또는 정치적 분쟁을 초래하지 않는 국가권력을 '정상화'라고 불렀다. 이 '정상화'에 대한 의지를 보일 경우 정치인이라면 '합리적' 또는 '성찰적'이라는 수식어를 자신의 정치적 입장 앞에 붙이고 도시중간계급의 지지를 확보할 수 있다. 도시라는 공간이야말로 경제의 중심이고 영토의 한계를 넘어선 중립지대이다. 여전히 농촌에 대한 낭만주의적인 향수가 없지 않지만, 실제로 도시야말로 이질적인 것들이 어울려 편안하게 살아갈 수 있는 가장 중립적인 장소인 셈이다. 이런 까닭에 한국의 정치 상황에서 도시중간계급의 욕망은 중요한 변수이다. 이 욕망이야말로 '중립성'을 지향하는 것이기 때문이다. '중립성'이야말로 로장발롱이 이야기한 '감시 권력'의 평균화 또는 편재화를 의미한다. 2012년 선거에서 경제민주화와 복지에 대한 쟁점들을 부각시킨 것도 이들이었다. 이들이야말로 '기러기 아빠'로 표상되는 자기계발의 첨병이었고, 나와 나의 가족이 잘되는 것이 국가와 사회의 범주보다 중요하다고 생각했던 당사자들이다. 사회적 연대의 형성은 요원하고, 국가는 개인에게 해주는 것이 없었으니, 자수성가의 상징이라고 할 수 있는 이들이 이렇게 생각하는 것은 어쩌면 당연한 결과인지도 모른다.

그러나 자신의 경험에 입각해서 각자도생을 추구했던 이들이 직면한 문제는 더 이상 개인의 능력으로 해결할 수 없는 일들이었다. 개인의 능력으로 어쩔 수 없는 상황이 닥칠 때 자아는 붕괴한다. 말 그대로 '멘붕'이다. 한때 유행했던 '멘붕'이라는 말은 '멘탈 붕괴'를 일컫는 용어였는데, 아마도 'mental collapse'라는 영어를 그대로 직역해서 이런 표현이 된 것 같다. 심리 상태가 우울하거나 걱정에 빠졌을 때 나타나는 일시적인 착란 현상을 지칭하는 전문용어가 개인의 심리 상태를 표현하기 위해 광범위하게 사용되었다는 것은 여러모로 흥미로운 일이다. 대중문화의 관점에서 본다면, '멘붕'이라는 말은 과거 1990년대 '엽기', 2000년대 '잉여'라는 말과 더불어 하나의 시대 흐름을 보여준다고 할 수 있다. 엽기와 잉여에 비한다면 '멘붕'은 훨씬 일반적인 심리 상태를 지칭하는 것처럼 보인다. 이 말의 유행은 심리 상담을 받거나 정신과 전문의를 찾는 것을 여전히 꺼려하는 사회적 분위기에 비추어, 확실히 심리 상태를 자가 진술해보려는 의지가 담긴 것으로 생각할 수 있다. 즉, 표현하기 어려운 심리적인 문제를 표현하기 위한 자포자기의 의미가 여기에 감춰진 것이다. 이것은 적극적인 의미에서 표현의 자유를 주장했던 엽기나 자신의 존재론을 냉소로써 극복하자는 의지를 담은 잉여에 비해 수세적이고 관조적인 것처럼 보인다. "○○가 멘붕에 빠졌다"는 진술이 제공하는 심리적인 결과는 자신의 문제를 인정할 수밖에 없는 심리적 곤혹감이다.

그러므로 '멘붕'이라는 말은 강박적인 것이라기보다 히스테리적인 것이라고 할 수 있다. 자크 라캉Jacques Lacan에 따르면, 신경증의 두 범주로 강박과 히스테리를 나눌 수 있다. 여기에서 강박은 대체로 세계의 지배자로 자신을 정립하고자 하는 욕망이고, 히스테리는 타자의 결여를 욕망의 대상으로 설정하는 것이다. 이런 의미에서 '멘붕'이라는 말은 완전무결한 자아를 추구하는 강박증의 소산은 아니다. '멘붕'은 자아의 붕괴를 인정하는 제스처를 내포하기 때문이다. 실제로 '멘붕'이라는 말이 유행하기 전에 잠깐 관심을 끌었던 것이 바로 "정신줄 놓았다"라는 표현이다. 여기에는 어떤 상황에 대한 판단을 하지 못하고 엉뚱한 짓을 한다는 의미가 숨

겨져 있다. 결국 정신을 차려야 한다는 것이 "정신줄 놓았다"라는 말에 담긴 당위 명제이다. 그러나 '멘붕'은 이런 당위 명제도 아니다. 오히려 '멘붕'은 의지에 따라 행동할 수 없는, 쉽게 말하면 당위적인 행동을 할 수가 없는 상태를 암시한다.

'멘붕'이라는 말에 깔려 있는 전제는 자아가 받아들여질 수 없는 처지이다. 적어도 냉소주의가 세상에 대한 관심을 끊지 않는다면, '멘붕'이 야기하는 상태는 자포자기의 체념에 기반을 둔다. 따라서 '멘붕'은 자기방어기제마저 위기에 처했다는 사실을 말해준다. 한국 사회는 OECD 국가 중에서 청년 자살률이 상당히 높은 곳이다. '멘붕'이라는 말을 사용했던 주체가 대체로 청년 계층에 속한다는 사실에 주목한다면, 살아가는 것이 곤고하기 때문에 이런 유행어들이 출현했다고 판단할 수 있다. 말하자면, '멘붕'이라는 말을 둘러싼 현상은 일시적이거나 순간적인 것이 아니다. 문화적인 현상은 언제나 사회경제적인 문제를 직접적으로 표현할 수 없기 때문에 발생하는 무의식의 우회이다. 그러므로 '멘붕'이라는 말의 유행은 우연하게 발생한 장난기로 치부하기에 좀 더 복잡한 속내를 감추고 있다. 한마디로 '멘붕'은 불가항력적인 외부의 충격 앞에 속수무책일 수밖에 없는 상태를 의미한다고 볼 수 있다. 크게 보면 자연재해나 경제 위기, 작게 보면 실연에 직면했을 때 발생할 수 있는 심리 상태인 것이다.

"타인의 욕망과 감시 권력의 일상화"

이런 '멘붕'을 개인이 겪게 되는 이유는 무엇일까. 바로 '나'라는 자아가 형성되는 과정이 상호주체성을 띠고 있기 때문이다. 나를 만드는 것은 타인의 욕망이다. 여기에서 타인이라는 존재는 특정한 개인을 지칭한다기보다 타인으로 상정되는 어떤 상징적인 대상을 의미한다. 쉽게 말한다면, 언어나 관습 같은 사회적인 체계가 여기에 속한다. 사회가 이미 구축해놓은 일반적인 의미 체계를 각자 받아들이면서 '나'는 탄생한다. 당연히 '나'는 경쟁적 관계를 중심에 놓게 된다. 왜냐하면 타인에게 인정받는 것이 중요한 문제가 되기 때문이다. 라캉에 따르면, '나'를 만들어내는 주체의 문제는 정체성에 있는 것이 아니라, 바로 이 주체화에 있는 것이다.[52] 이렇게 주체화되는 것은 '내가 한다'고 선언할 수 있는 어떤 계기이다. '내가 한다'는 진술 이전에 주체는 '나에게 그것이 일어났다'는 방식으로 자신을 표현한다. 그러나 이렇게 타자의 욕망에 자신을 고정시킨 주체에서 벗어나 주체화로 나아오면서 '내가~'라는 진술이 가능한 것이다. 대상을 소유하고 싶어 하는 주체는 타인의 욕망을 내재화하면서 자신의 정체성을 주장하지만, 그 무엇도 확정

---

52 Bruce Fink. *The Lacanian Subject*. Princeton: Princeton UP, 1996, xii.

적이지 않은 이런 관계의 불안정성으로 인해 자기 자신을 주장하는 주체화의 과정으로 나아갈 수밖에 없다.

이 사실을 증명하는 것이 거울을 보는 행위이다. 우리가 거울 앞에 서서 용모를 가다듬을 때, 거울 속 자신을 보고 있는 존재는 누구인가. 우리 자신은 아닐 것이다. 다른 사람에게 자기 자신이 어떻게 보일지 궁금하기에 거울을 본다고 할 수 있다. 타인의 시선으로 자기 자신을 바라보는 것이 나를 나이게 만드는 가장 기본적인 구조인 셈이다. 따라서 '멘붕'은 이런 관계에서 나의 범주가 더 이상 유지될 수 없다는 것을 의미한다. 이런 전제에서 타인의 시선에 대한 지나친 의식, 이것은 결국 경쟁의 가속화로 인해 빚어지는 현상이기도 한데, 개인과 개인이 맺어지는 관계에서 더 이상 '나'를 유지할 수 없게 되었다는 것을 의미한다. 이른바 '민주화' 이후에 시장의 '진리'가 삶의 원리를 재구성하는 표준으로 작동하면서, 경쟁은 발전을 위한 '자연의 법칙'으로 받아들여졌다. 생존하기 위해 '진리' 또는 '자연의 법칙'에 자기를 맞춰야 한다. 이것이 바로 자기계발의 논리였다. 일상생활에서 일어난 변화는 바로 타인의 시선에 집착하고, 외부 대상에 자신의 욕망을 고착시키는 것을 '좋은 것'이라고 받아들이는 분위기가 대세를 이루게 된 것이다. 이것을 이른바 '정상적인 것'으로 받아들였다. 훌륭한 소비자가 되는 것 또는 좋은 대학을 들어가는 것 또는 대기업에 입사하는 것만이

'정상적인 삶'으로 인준되었다고 볼 수 있다. 서로가 서로를 감시하는 '감시 권력'의 일상화. 이것은 마치 스마트폰을 가지게 된 삶과 같은 것이다. 이런 의미에서 스마트폰은 '감시 권력'을 개인화하는 장치이다. 심리적인 측면에서 보자면, 스마트폰은 타인의 시선을 통해 자신의 욕망을 들여다보는 거울이다. 타인의 시선과 욕망의 대상은 쾌락을 느끼게 만드는 절대적인 기준이다. 타인이 나를 바라보고 멋있다거나 예쁘다고 할 때 우리는 즐겁다. 마찬가지로 나의 욕망이 어떤 대상에 투영되어서 그것을 소유했을 때 우리는 기쁘다. 이런 상호 교환의 과정을 우리는 쾌락원칙이라고 부를 수 있다. 쾌락을 주고받는 또는 쾌락이 발생하는 원칙이라는 뜻이다. 프로이트Sigmund Freud는 쾌락원칙이야말로 우리의 삶을 지배하는 규칙이라고 말했다. "심리적 사건의 과정은 쾌락원칙을 통해 자동적으로 규정된다"는 것이다.[53]

"멘붕 그리고 분노"

그러나 잘 알려져 있다시피, 프로이트는 《쾌락원칙을 넘어서

---

53 Sigmund Freud. "Beyond the Pleasure Principle." *On Metapsychology: The Theory of Psychoanalysis.* Trans. James Strachey. London: Penguin, 1955, p. 275. 한국어판은 《쾌락원칙을 넘어서》, 박찬부 옮김, 열린책들, 1997.

Jenseits des Lustprinzips》라는 에세이에서 쾌락원칙을 넘어가는 죽음충동에 대해 언급하고 있다. 쾌락원칙을 제어하는 것이 현실원칙이라면, 죽음충동은 이런 원칙 자체를 넘어가게 만드는 거부할 수 없는 힘이다. 이런 프로이트의 정의에 따르면, '멘붕'은 쾌락원칙의 위기를 의미한다고 볼 수 있다. 죽음충동이 쾌락원칙을 정지시킬 수 있는 상황이 '멘붕'인 것이다. 자신이 몸담고 있는 세계가 더 이상 쾌락을 주지 못한다면, 우리는 살고 싶지 않다는 생각에 빠져들지도 모른다. '멘붕'이라는 단어가 유행하는 것은 바로 이 때문일 것이고, 이 상황은 비단 한국에 국한해서 발생하는 것은 아닐 것이다. '흐르는 자본주의'라고 규정할 수 있는 시장의 '진리'가 관철되는 이 세계는 개인을 무한 경쟁의 쳇바퀴로 밀어 넣은 지 오래다. 리처드 세넷Richard Sennett에 따르면, 미국에서 한 사람이 평생을 살아가기 위해 근본적 기술을 바꾸는 것이 평균 세 번, 직장을 옮겨 다니는 것이 평균 아홉 번이라고 한다. 아들 세대가 더 이상 아버지 세대처럼 안정되고 예측 가능한 삶을 살 수 없게 된 것이다. 이런 관점에서 '멘붕'은 바로 불안한 21세기 자본주의에서 살아가는 이들에게 주어진 하나의 보편 현상이다. 이렇게 개인의 능력을 넘어선 한계상황에서 요청할 수 있는 것은 무엇일까. '공동선'을 추구하는 공화국, 바로 국가이다. 계급 타협을 통한 사회적 연대가 어려운 조건에서 강력한 국가권력만이 공공복리를 달

성할 수 있을 것처럼 보일 수 있다. 부르주아의 이해관계를 조정하는 역할에 그치는 의회정치를 넘어서 인민주권의 대리자가 호출되는 지점이다. 대통령 직선제는 바로 이 대리자를 선출하는 방식이며, 경제적 불평등으로 인해 발생하는 분노를 효과적으로 수렴하는 장치이다. 한국의 정치는 이 교착 상황 자체이다. 이 교착 상황에서 선출된 민주주의는 제도로 수렴할 수 없는 분노를 조정하고자 한다. 이 분노를 선거라는 '선택'으로 얼마나 수렴할 수 있는지 그것이 관건이다.

아리스토텔레스는 분노를 일컬어, 정당화의 과정을 거치지 않고 눈에 띄는 특정인에 대해 발생하는 고통을 수반한 "충동"이라고 정의했다. 이런 맥락에서 분노는 불특정 다수를 향하는 것이라기보다 특정한 개인에 대한 것이다. 과거 '숭례문 방화'가 국가에 대한 특정 개인의 분노 표출이었다면, 오늘날 인터넷상에서 벌어지고 있는 현상은 아리스토텔레스의 정의 그대로 특정 개인에 대한 분노가 현시되고 있는 것이다. 타블로 학위 검증에서 일베 현상까지 이어지는 이 분노의 메커니즘은 한국 사회가 진보와 보수 또는 좌파와 우파라는 중심화된 이념 구도를 넘어서서 본격적으로 중립화된 '가치 경쟁'의 단계로 진입했다는 사실을 보여준다. 이 과정에서 정치는 이념의 구현이라기보다 더 나은 가치를 구현할 수 있는 '실력'을 가늠하는 평가로 전락해버렸다. 앞서 말했듯이 이 상황이야말로 비정치의 정치이기도 하다. 정치의 계량화는 개인의 이해관계를 재현해주지 않는 정치제도 또는 정치인에 대한 분노로 바뀐다. 한국 사회의 분노를 구성하는 기저에 놓여 있는 것은 이렇게 재현의 기능을 상실한 국가에 대한 실망이고, 강력한 권력을 통해 이 국가를 재구성하려는 열망이다. 그러나 이 열망이 실망으로 변할 때 맞닥뜨리는 것이 이미 논의했던 '멘붕'의 현실이다. 앞서 언급했던 세월호 참사는 이 현실을 극명하게 보여준 사례이다. 세월호를 국가와 동일시하면서 '우리 모두는 세월호 같은 대한민국호에 타고 있다'는 표현이 나온 것은 우연이 아니다. 이 표현은 아이러니하게도 박근혜 정부의 선거 캐치프레이즈에서 연상된 것이었다. '대한민국호를 안전하게 운항할 선장'이라는 박근혜의 이미지는 세월호 참사라는 '실재의 귀환'을 통해 몰락했다. 사고가 참사로 발전하는 원인에 무능한 정부가 있다는 사실이 충격적으로 드러났던 것이다. 그동안 누적되어왔던 거의 없다시피 한 국가에 대한 분노가 세월호 참사에서 구체적인 대상을 만난 것이라고 할 수 있다.

지금까지 논의했듯이, 이런 분노의 파노라마는 90년대 이후의 지배적인 '시대정신'이라고 할 수 있는 탈정치성 또는 탈이데올로기화, 다시 말해서 비정치의 정치에 따른 결과일 것이다. 멘붕과 쌍을 이루는 것이 바로 분노인 셈이다. 삶의 원리로 시장의 '진리'

를 강제하는 신자유주의 개혁이 가속화하면서 한국 사회는 불안정을 삶의 존재 조건으로 생각할 수밖에 없는 변화를 겪었다. 이 때문에 '노동'의 의제가 소멸하고 '중산층 복원'이 언제부터인가 중요한 정치적 의제로 부상했던 것이다. '중산층'이라고 호명하지만 실제로 이들이 '중산층'에 합당한 경제적 지위를 가지고 있는 것은 아니다. '하우스푸어'라는 말이 가리키듯이, 성공과 쾌락의 평등에 대한 지향이 이들에게 '중산층' 의식을 부여한 것이다. 이런 의미에서 이들은 '중립국가'를 지향하는 중간계급이다. 지금까지 이야기한 것처럼 이들은 주로 도시에 거주하면서 중간계급으로서 신분 상승과 소비주의에서 공평한 권리를 요구하는 집단이다.

"도시중간계급과 평등의 고원"

한국에서 도시중간계급은 독특한 지위를 가진다. 이들은 계급적으로 노동자이지만, 동시에 '기술자산skill assets'과 '조직자산 organization assets'을 다른 노동자보다 상대적으로 더 보유하기 위해서 경쟁한다. '기술자산'과 '조직자산'이라는 용어는 미국의 사회학자 에릭 올린 라이트Erik Olin Wright가 계급 분석을 위해 사용하는 개념으로, 사회주의 체제에서 왜 착취가 사라지지 않았는지를 설명하기 위해 창안했다.[54] 라이트는 계급의 문제를 고찰하기 위해 "당신이 가지고 있는 것이 당신이 가질 수 있는 것을 결정한다"는 명제를 내세운다. 이른바 지식정보사회로 진입하면서 '가지고 있는 것'의 범주에 기술이나 지식 또는 자격 같은 것이 지대한 역할을 하게 되는 것이다. 이런 변화에 발 빠르게 적응한 집단이 도시중간계급으로서, 증권과 부동산으로 부를 축적하고자 '금융파생상품'을 구입했다가 '하우스푸어'가 되기도 했다.

한국의 근대화와 맞물려 있는 중간계급의 교육열은 농촌에서 도시로 급속하게 이동하면서 부를 축적했던 경험을 토대로 삼고 있다. '금의환향'이라는 고전 서사는 명절마다 꼬리를 물고 이어지는 '귀성인파'의 스펙터클을 만들어냈다. 도시에서 부를 축적하는 것이 농촌에 머물러 있는 것보다 훨씬 나은 삶을 보장한다는 믿음이 여기에 짙게 배어 있다. 물론 이런 믿음은 인구 이동을 통해 확보한 값싼 노동력으로 부를 축적하는 산업자본주의의 법칙이 종언을 고한 신자유주의의 시대에 이르면 더 이상 지속할 수 없게 된다. 신자유주의는 금융자본에 주도권을 주는 이데올로기이다. 금융자본은 더 이상 단순노동에 종사하는 노동력을 필요로 하지 않는다. 1990년대 이후에 중간계급은 이런 현실을 직감적으로 깨달

---

54 다음을 참조할 것. Erik Olin Wright, *Classes*, London : Verso, 1985.

고 노동력의 부가가치를 높이는 '인간 자본'의 확보로 방향을 전환하면서 '평등의 고원'에 먼저 진입할 수 있었다.[55] '평등의 고원'은 고원 위에 올라온 이들에게 평등을 보장하지만, 고원 위와 고원 아래를 구분하는 불평등을 문제 삼지 않는 위계의 구조를 의미한다. 이런 상황에서 '평등의 고원'에 진입할 수 있는 가격을 갖추어야 한다는 자기계발의 논리가 대세를 이룰 수밖에 없었던 것이다.

"인간 자본과 안전 사회에 대한 요청"

'인간 자본'에 대한 인식은 자식 교육이라는 형태로 전환되어 나타난다. 어머니의 역할이 강조되고, 이에 따라 아버지의 지위도 변화를 맞이한다. 이 과정에서 자식 교육에 정보나 열의가 없는 부모는 문제 있는 것으로 낙인찍히는 사회 분위기가 형성되었다. 자식을 낳는 것만으로 공동체의 구성원으로 인준받았던 어머니가 이제 자식을 훌륭하게 키워서 인재로 성공시켜야지만 '탁월한 역량'을 가진 존재로 받아들여지게 된 것이다. 이런 변화가 어두운 측면만 부각시킨 것은 아니다. 이를 통해 어머니의 '자격'을 갖춘 여성

---

55 '인간 자본'에 대한 진술은 다음을 참조할 것. Michel Foucault, *The Birth of Biopolitics*, ed. Michel Senellart, London: Palgrave, 2008. p. 215.

의 지위가 격상되고, 사회 전반적으로 가부장제에 대한 부분적인 반성들이 일어났던 측면도 있다.

'인간 자본'에 대한 관심은 개인의 능력을 신장하는 자기계발의 논리를 '삶의 철학'으로 부상하게 만드는 역할을 한다. 힐링이나 인문학 열풍도 이런 맥락에서 이해할 수가 있다. '인간 자본'은 단순하게 일만 잘하는 노동자가 아니라 '자기 통치'를 훌륭하게 수행하는 르네상스적인 '전인全人'이다. '자기 통치'의 관점에서 보자면 정치의 목적은 삶의 과정에서 위험을 제거하고 경제를 안정화하는 것이다. 일상이라는 측면에 국한한다면 '인간 자본'에 대한 인식은 개인의 안전을 보장하는 제도나 장치에 대한 관심을 증폭시킨다. 안심하고 자기의 능력을 계발할 수 있는 삶의 조건이 필요하다는 생각이 대세를 이룰 수밖에 없다. 이런 이유에서 그동안 자기계발에 매진했던 도시중간계급이 '정상 국가'와 더불어 '안전 사회'를 요청하기 시작했다고 볼 수 있다. 이 둘은 서로 대립적이지 않다. '정상 국가'라면 '안전 사회'를 만들 수 있는 역량 또는 기술을 갖추어야 한다는 당위 명제가 두 항목을 하나로 연결해준다. 세계사적인 차원에서 보면 이런 '안전 사회'에 대한 요청은 구조적인 배경을 가진다. 미국의 역사학자 코리 로빈Corey Robin은《공포Fear: The History of a Political Idea》라는 책에서 정치의 기본 이념으로 '공포'를 지목하고 있는데, 이 문제가 '안전 사회'에 대한 요청과 연결되어 있다고 볼 수 있다.[56] 코리 로빈의 주장은 9·11 테러 이후 새로운 공포의 시대가 열렸다는 중론에 대해 다른 의견을 제시하고 있다. 정치의 역사가 겉으로 보면 공포를 적으로 돌리고 이성과 자유를 옹호하는 것 같지만, 실제로 공포를 중요한 통치 수단으로 삼아왔다는 것이 그의 요지이다.

역설적으로 공포가 정치에 복귀하는 순간 자유와 평등이라는 자유주의의 의무와 가치를 훼손한다. 물론 공포가 공공연하게 정치의 주제로 들어설 수도 있겠지만, 최근 들어 둘의 관계가 일방적인 방식으로 이뤄지는 것이 아니라는 사실을 어렵지 않게 확인할 수 있다. 공포의 확산이 위에서 아래로 진행되기보다 아래에서 옆으로 발생하는 것이다. 이 과정에서 언론의 역할이 지대하다는 것은 두말할 필요가 없다. 신종 음모론마저 나올 정도로 공포를 정치 문제와 엮는 중개자로서 선정적인 언론 보도가 한몫하고 있다. 공포가 이렇게 정치 상황에서 중요한 역할을 하게 되는 것은 '안전'에 대한 대중의 불안에 있다. 여기에서 대중은 도시에 거주하는 도시중간계급이다. 도시중간계급은 경제 위기를 겪으면서 도심에 거주하기 점점 어려워지는 처지에 놓이게 되었다. 혼자 산다

---

56 Corey Robin, *Fear: The History of a Political Idea*, Oxford: Oxford University Press, 2006, p. 31.

면 모를까 가족을 이루는 데 필요한 생계의 조건을 도시에서 마련하기 어렵게 된 것이다. 부산 덕포동 여중생 살해 사건이나 전남 나주 초등생 납치 사건에서 알 수 있듯이, 서울이라는 중심을 벗어난 곳에서 발생하는 범죄는 '취약 계층'이라고 불리는 붕괴한 가족을 대상으로 삼는다. 이런 일이 발생하는 까닭은 국가기관이 담당해야 할 '안전 사회'의 문제를 가족이라는 사적 영역에 유기하기 때문이라고 할 수 있다.

이런 사건이 반복적으로 일어나는 이유는 무엇보다 '최소 국가'에 대한 믿음을 떠받치는 자유지상주의 덕분일 것이다. 1990년대 이후 한국 사회를 지배하기 시작한 우파의 이데올로기는 자유지상주의에 가까웠다. 그러나 자유지상주의에서 설정하는 절대 자유에 대한 유토피아주의는 시장의 절대시로 실현됐고, 시장을 확대하고 정부의 기능을 축소하는 '최소 국가'에 대한 옹호가 대세를 이루었다. '작은 정부, 큰 시장'이라는 말이 군사독재의 마지막을 장식했던 것이다. 6월 항쟁이라는 데모스의 분출을 관리하기 위한 새로운 논리가 노태우 정부 시절에 필요했다. 끊임없는 재개발을 통해 거주민들을 추방시켰지만, 도시중간계급은 그 과정을 통해 부를 축적하면서 신분 상승을 도모했다. 데이비드 하비David Harvey가 지적하는 추방에 의한 축적이 가속화했고, 도시중간계급은 여기에 타협했다. 한국에서 '아파트 열풍'이라고 명명되는 이

축적의 과정에서 밀려난 이들은 서울 변두리로 삶의 터전을 옮겨야 했다. 운 좋은 이들은 부의 사다리를 타고 신분 상승을 이룰 수 있었지만, 그렇지 않은 다수는 나락으로 떨어지는 자신의 삶을 지켜볼 수밖에 없었다.

고용과 해고가 자유롭고, 급속하게 변화하는 산업구조 덕분에 기본 기술을 끊임없이 바꾸는 것이 '능력 있는 삶'이라는 차원을 넘어서서 '바람직한 삶'으로 받아들여지는 분위기가 사회를 압도하기 시작했다는 것을 앞서 지적했다. 이에 따라 사회라고 불리는 비시장적 영역은 점점 축소되고, 시장이 사회를 대체하는 현상이 두드러졌다. 과거 같으면 선배를 만나 술 한잔 기울이며 전수받을 수 있는 노하우나 팁을 정당한 대가를 지불하고 학원에서 교육받아야 하는 변화가 일어났다. 심지어 이제는 연애마저도 '전문가'의 조언에 따라 실행해야 하는 '기술'의 문제가 되었다. 개인으로 자신을 유지하기 위해 '자기 통치'의 능력을 배가하는 것만이 살아남을 수 있는 길이라고 인식되기 시작했다.

"공포와 불안 그리고 판옵티콘"

사회가 안전하지 않다는 사실에 대한 각성은 구성원 전체를 잠정적 범죄자로 상정하는 결과를 낳았다. 폐쇄회로텔레비전CCTV

나 인터넷은 이런 '감시 권력'의 편재화를 보여주는 대표적인 장치다. 이런 장치는 푸코에게 '판옵티콘'에 불과했던 근대의 규율 권력이 개별적인 차원으로 전일화한 것이라고 할 수 있다. 반복해서 말했듯이 모두가 모두를 감시하는 사회가 도래한 것인데, 이 사회는 사회의 모양새를 하고 있지만, 사실은 '판옵티콘'처럼 서로를 지켜보는 감시탑의 네트워크에 가깝다. 서로가 서로를 감시하는 사회에서 공포는 쉽게 부풀려진다. 모두가 모두를 지켜보고 있으니 당연한 일일 것이다. 마치 히치콕Alfred Hitchcock의 〈이창Rear Window〉이 보여주는 것처럼 이 감시의 네트워크는 정보를 나누고 그것을 통해 '사연'을 구성하는 거대한 극장이다.

이런 조건에서 도시중간계급에게 아동 성범죄를 비롯한 취약 계층을 상대로 하는 강력 범죄는 언젠가 자신들에게도 닥쳐올 수 있는 현실의 가능성이다. 영화 〈도가니〉는 이런 도시중간계급의 공포를 상상 이미지를 통해 보여준 잔혹극이었다. 〈도가니〉를 '사회극'으로 만들어준 것은 아이러니하게도 붕괴한 사회로 인해 발생한 도시중간계급의 위기의식이었다. 도시중간계급에게 언론의 선정적인 범죄 보도가 먹혀드는 이유는 이 때문이다. 이 보도에서 전달하는 내용이 범죄의 폭력성과 잔인성을 보여주기에 공포를 느끼는 것이 아니라, 그 범죄의 온상으로 자신들의 처지가 전락할지 모른다는 구체적인 위기감으로 인해 불안에 떠는 것이다. 범죄를 보도하는 언론의 선정성은 이런 맥락에서 도시중간계급의 공포를 자극해서 '안전 사회'에 대한 요청을 점점 더 강화한다. 선출된 민주주의에 반대하는 반-민주주의라는 상태는 너도나도 자신의 욕망을 주장하는 상황이기도 하다. 반-민주주의의 상황은 언론시장이라는 이윤 기계의 논리를 따른다. 숱한 매체들이 인터넷 시대에 탄생했고, 종이 신문의 장악력을 압도하는 온갖 군소 언론이 만들어졌다. 이들 하나하나가 '감시 권력'의 역할을 수행하는 작은 '판옵티콘'이다.

시장에서 생존하기 위해 언론들은 '사연'을 필요로 한다. 따라서 더 많은 광고를 유치하기 위해 판매 부수를 올리고 조회 수를 늘리는 방법은, 매일 특종을 하든지 아니면 계속 선정적인 내용을 보도하는 수밖에 없다. '감시 권력'의 역할이 커지면 커질수록 언론은 정론직필보다 미끼를 던져서 독자를 유인하는 '낚시질'에 더 집중하게 되었다. 아르바이트 학생을 써서 포털 사이트에 올라가는 메인 제목을 선정적으로 처리하게 만든다는 소문은 이제 진실로 굳어졌다. 그러나 이런 선정성은 공포심을 더욱 자극한다. 현실적으로 존재하는 사회의 붕괴와 가족의 위기에 모두들 민감하게 반응할 수밖에 없다. 왜냐하면 1990년대 이래 '공동선'으로 통념화한 자유지상주의의 '최소 국가'에 대한 이상이 하나의 믿음으로 상식화되어 있기 때문이다. 국가는 자신들을 보살펴주지 않는다. 오직 가족만이 '나'를 보호하는 울타리일 수 있다는 믿음이 팽배한 것이다.

'최소 국가'에 대한 이상이 개인의 차원에서 실천 강령으로 만들어질 때 자기계발의 논리가 탄생한다. 자기계발은 일단 성공할 경우 신화로 인식될 수 있지만, 실패할 경우 빠져나갈 수 없는 막다른 골목이 된다. '더 많은 자유'라는 자유지상주의의 정언명령을 '더 많은 돈'이라는 세속적 가치로 치환하는 과정이 이런 자기계발 논리에 숨어 있다. 고상한 정치적 이상은 하찮은 육체를 만나 현실화한다. 끔찍한 범죄와 참사에 대한 보도가 도시중간계급에게 남기는 상상은 구체적인 현실성을 얻는다. 자기계발에 성공해서 좀 더 안전한 '평등의 고원'에 진입한다면, 자기 자신은 그 범죄의 대상이 되지 않을 수 있다. 그러나 그렇지 않으면 위험하기 짝이 없는 지옥에서 하루하루를 살아가야 한다. 더 큰 자유를 누리기 위해 안전은 필수다. 그러나 국가는 안전을 보장하지 못한다. 세월호 참사는 이런 믿음에 대한 '실재의 응답the answer of the real'이었다. 마치 타이타닉호가 당대의 유럽 사회와 쉽게 비교되었던 것처럼, 세월호는 '대한민국'으로, 선장은 대통령으로 자연스럽게 유비되었다. 세월호에서 보여준 정부의 대응은 무능한 국가라는 도시중간계급의 판타지에 응답한 실재였다. 또한 이 참사는 안보 이데올로기와 안전 이데올로기를 서로 결합시켜서 자신들의 지지 기반을 공고하게 만들고자 했던 박근혜 정부의 시도가 파탄 났다는 사실을 의미한다. 국가는 이해관계를 나눠 가진 부분집합을 재현하는 합의의 상태다. 그러나 이 합의의 상태는 어긋나는 이해관계 때문에 언제나 삐걱거린다. 한국 사회의 구성원은 각자의 관점에서 이런 국가의 기능에 의심을 품고 있다. 이런 의심에 기초해 대다수가 '나쁜' 정치인들로 인해 국가가 제 기능을 하지 못한다고 생각한다. 그래서 나쁜 정치인들을 걸러내고 '착한' 정치인들로 정치를 새롭게 구성해야 한다고 믿는 것이다.

"외박, 위험에 처한 가족"

김미례 감독의 다큐멘터리 〈외박〉에 나오는 이랜드 여성 노동자들은 이런 정치에 대한 믿음과 일정하게 다른 양상으로 표출되는 정치를 보여주는 사례라고 할 수 있다. 이들은 노동조합운동으로도 의회정치로도 재현하기 어려운 자신들만의 감각을 나눠 가진 존재다. 평소에 노동문제나 정치에 전혀 관심이 없던 '평범한 여성'이었던 이들은 파업을 하면서 지금까지 삶에서 느끼지 못했던 문제들과 맞부딪친다. 다큐멘터리는 이들을 회유하려는 회사의 노력 못지않게 이들을 '이용'하려는 정당이나 '운동권'의 모습도 가감 없이 보여준다. 감독의 관심은 무엇이 이렇게 '조직화'되지 않은 여성 노동자들에게 그토록 오랜 파업을 할 수 있도록 했는지 그 원동력에 있었다. 출연자 중 한 명이 했던 인상적인 발언은 "결혼 생활 28년 만에 처음 외박을 해봤다"는 탄성이었다. 이 다큐멘터리의 제목이기도 한 '외박'은 이들 여성 노동자에게 절박한 자유에 대한 상징적 표현이었다. 그러나 이 다큐멘터리에서 제시되는 또 다른 문제는 평생 처음으로 '외박'하면서 자신의 존재를 입증했던 여성 노동자들을 호명하는 것이 가족이라는 사실에 있다. 파업 농성이 끝나고 이들이 돌아간 곳은 가족이라는 명목으로 만들어진 '정상성'의 윤리였다. 가족에 충실한 '엄마'가 정상적인 여성이라는 표준은 쉽게 깨어지지 않았다. 위험에 처한 가족에 대한 공포를 자극하는 것은 이런 '정상성'에 대한 옹호로 이어진다고 말할 수 있다. '정상성'을 통해 가려지는 것은 범죄 발생에도 적용되는 계급에 의한 차별이다. 엄연히 강력 범죄의 대상은 취약 계층이라고 불리는 '못 없는 자들'이고, 이들의 자녀가 방치되어 있는 소외 지역이다. 이들은 노동의 기회마저 공평하게 부여받지 못한다. 가족은 붕괴했고 아이들을 돌볼 수 있는 수단은 없다. 범죄에 파괴된 가정은 언제나 연민을 자극하지만, 이 문제가 계급적 관점으로 받아들여지는 경우는 드물다. 계급이라는 사회구조적 문제가 온정주의라는 손쉬운 해결책에 머물고 마는 까닭이다.

도시중간계급에게 안전을 보장해줄 수 있는 국가는 '정상 국가'

일 것이다. 앞에서 제시했던 것처럼, 그러나 이들이 원하는 정상 국가는 '중립'에 존재하는 국가이다. 어디에도 편향되지 않는 중립적인 국가에 대한 요청은 정치를 배제하고 행정 기능만 남겨놓은 정부에 대한 구상으로 이어진다. 전문가주의는 여기에서 정치와 경제를 분리시키려는 부르주아 국가의 이상을 지지한다. 이런 지지는 노동을 정치에서 분리시키고 노동 현장을 효율성의 이름으로 통제해야 한다는 생각으로 이어진다. 고용과 해고를 자유롭게 만드는 규제 완화는 규제 자체를 없앤다기보다 자본의 축적을 가로막는 장애들, 무엇보다 임금체계를 자본의 논리에 맞춰 개편한다는 것을 의미한다. 임금 지급을 유연하게 하기 위해 필요한 것은 고용 형태를 다양화하는 것이다. 비정규직은 이런 고용 형태의 변화에 따른 산물이다. 고용 형태의 변화는 삶의 양식을 바꾸는 근본적 전환을 초래한다. 불안정한 삶의 조건은 안전 사회에 대한 열망으로 쉽게 전이된다. 한국이 보수 지배 사회로 이행할 수밖에 없는 까닭이다. 보수주의는 이념이라기보다 그 이념을 혐오하는 정서이다. 보수는 이념을 가치의 문제로 만든다. 보수의 이데올로기는 가치와 사실을 뒤섞어 전자로 후자에 대한 판단을 뒤집는다. 중립성은 '도덕성'을 구성하는 기준이다. 이 중립성은 국가의 위상에 대한 문제이기도 하다. 중립에 서 있는 국가라는 것은 그 누구의 것도 아닌 국가이다. 이 국가는 '누구의 국가'를 정확하게 뒤집어놓은 모습이다. 박정희의 국가가 '국민'의 국가가 될 때, 더 나아가서 '시민'의 국가가 될 때 '중립 국가'는 달성된다. 이런 방식을 벗어나지 않는 한 내재적 배제의 논리가 동일하게 작동한다. '국민'이나 '시민'의 자격을 얻지 못한 이들에게 이 국가는 또 다른 배제의 장소이다.

"문화와 신자유주의"

'중립 국가'에 대한 요청은 국가 없는 또는 사회 없는 상황을 최선의 상태로 여기는 태도를 갖게 만든다. 사회는 규제의 온상이다. 따라서 사회가 없는 상태는 절대적 자유의 공간인 것이다. 그래서 영국의 대처주의자들은 '사회 없음'을 적극적으로 역설했다. 사회가 없다면 도대체 무엇이 가치의 기준을 설정할 수 있는가. 그것이 바로 문화이다. 문화는 자유주의의 발명품이다. 자유주의는 인간의 완성을 위해 정치보다도 문화를 선호했다. 완전한 자아를 추구하는 인문학이란 것도 바로 이런 자유주의의 이상을 구현한 학문이다. 이런 까닭에 자유주의의 위기를 해결하기 위해 등장한 새로운 자유주의, 푸코가 독일과 미국을 예로 들며 제시한 신자유주의는 문화와 밀접한 관련을 맺고 있는 것이다.[57] 신자유주의적 관점에서 문화는 사회도 아니고 자연도 아닌 제3의 영역을 의미한다. 문화가 곧 자유의 조건이고, 문화적 진화가 자유를 만들어낸다는 논리인 것이다. 이런 논리로 인해 신자유주의는 문화적으로 보수주의적일 수밖에 없지만, 그렇기 때문에 과거와 다른 보수주의를 보여준다. 일방적으로 특정한 문화를 나쁜 것이라고 규정하기보다, 더 진화한 문화와 그렇지 않은 문화를 제시하고, 전자를 후자보다 더 나은 것으로 받아들이게 만드는 것이다. 걸그룹과 '빨갱이 사냥'이 인터넷 공간에서 뒤섞일 수 있는 이유가 여기에 있다.

오늘날 목격할 수 있는 '멋진' 신세계는 1990년대 이후 한국 사회에서 본격적으로 진행되어온 신자유주의의 영향 때문이라고 볼 수 있다. 신자유주의는 다양한 내용을 포함하지만 그 핵심에 있는 것은 시장의 방임과 생산수단의 사유화이다. 시장과 사유재산을 절대적으로 옹호하는 것이 때로 전통적인 보수의 가치와 대립하기도 한다. 이런 의미에서 신자유주의의 논리는 이중적이다. 왜냐하면 신자유주의는 기존의 가치 체계를 고유한 행위자로부터 떼어내어서 새로운 영역으로 옮겨놓기 때문이다. 이때 원래 있는 그대로 원본을 이식하는 것이 아니라, 필요에 따라 절충적으로 이어붙이거나 분리시키는 것이 특징이다. 따라서 신자유주의는 모순적일 수밖에 없다. 이런 모순이 진보와 보수 또는 좌파와 우파의

---

57 이 책에서 신자유주의 문제에 대한 논의는 대체로 푸코의 주장을 따른다.

구도를 넘어 광범위한 분노를 야기하는 것이라고 볼 수 있다. 이 때문에 더 이상 진영 논리에 근거한 정치가 작동하지 못하는 비정치의 정치에서 오직 중요한 것은 이런 모순을 한순간에 해소해줄 상징적인 이름이다. 그 이름을 인격화하고 있는 개인에서 출발해서 개인으로 종결되는 것이 비정치의 상황이다. 구조의 문제는 개인의 문제로 환원되고, 그 개인을 제거하면 모든 문제가 해결될 수 있을 것 같은 착시 현상을 불러일으키는 것이다.

앞서 이야기한 것처럼 약육강식이라는 '자연의 법칙'을 인간 사회에 적용한 사회다원주의적인 패러다임과 신자유주의의 주장은 적절하게 조화를 이룰 수 있는 것처럼 보인다. 개인의 능력을 최대로 발양시키기 위해 정부 불간섭주의를 천명했던 스펜서의 사회 이론은 오늘날 신자유주의적 경제체제의 우월성을 증명하는 새로운 '선택' 이론으로 변형되어 있는지도 모른다. 열심히 노력하면 시장이 '나'를 선택할 것이라는 논리는 이제 개인의 세계관을 주관하는 지배적인 '삶의 철학'으로 자리를 잡고 있다. 시장에 적합한 '자기'를 만들어내는 계발의 논리를 가능하게 만든 기원은 이미 '자기 통치'를 개인의 덕목이자 역량으로 설정한 공리주의에 있었다. 그러나 이런 '자기 통치'의 기획이 실패한 대표적인 사례가 한국에 있다. '민주화'의 결과물로 등장한 반-민주주의이면서 또한 동시에 자유주의라는 '통치 기술'의 위기를 보여주는 이들, 바로 '일베 현상'이다.

8. 네오라이트 혹은
   탈정치적 우파의 탄생

'자기'의 완성을 위해 필요한 지식만을 지식으로 간주하는 태도, 이것이야말로 오늘날 한국의 고등교육이 만들어낸 특성인 것이다. 이것을 자유주의 기획이라고 부르는 것은 크게 틀린 정의가 아니다. 이런 '자기'의 완성을 내세운 자유주의에 대한 심정적 혐오가 만들어낸 것이 바로 일베 현상이다

***

‘일베’는 ‘일간베스트저장소’라는 제목을 줄인 말인데, 2000년대 초반에 유명했던 디시인사이드에서 파생된 사이트다. 디시인사이드가 수용할 수 없는 내용을 모아놓았다는 점에서 가히 ‘막장 중의 막장’이라고 할 수 있다. 외부인의 시선으로 보기에 이들은 위악적이고 공격적인 언사를 서슴없이 한다는 특징을 갖는다. 남성 중심주의적이고 인종주의적인 성향을 노골적으로 드러내는데, 과거 디시인사이드 ‘정사갤(정치사회 갤러리)’과 대조적으로, 정치 성향이 대체로 우파로 기울어 있다. 그러나 이런 성향은 특정한 정치인을 지지하거나 이념을 신봉하기 때문에 발생하는 것이 아니다. ‘일베’의 정치 성향은 냉소주의에 근거한 비정치성을 띤다는 점에서 일반적으로 한국에서 받아들여지는 우파의 모습과 사뭇 다르다. 말하자면 '일베'는 정치적인 우파라기보다 비정치적인 또는 익숙한 용어로 표현한다면 탈정치적인 우파인 것이다. '일베'의 탈정치성은 정치를 배제함으로써 정치적 효과를 발휘하는 냉소주의의 작동 원리를 잘 보여준다. 원래 고대 그리스에서 냉소주의는 속세의 가치를 타락했다고 간주하고 자연으로 돌아가는 소박한 삶을 주창한 철학 사상이었다. 견유학파라고 불리는 디오게네스Diogenes가 대표적인 냉소주의 철학자이다. 이런 의미에서 이들은 타인의 잘못을 지켜보는 '감시'의 존재였다. 페터 슬로터다이크Peter Sloterdijk가 말하듯이, 고대 그리스에서 냉소주의자는 종종 속세와 떨어져서 사는 "고독한 올빼미"로 그려지면서 "도발적이면서 고지식한 도덕주의자"로 받아들여졌다. 그러나 오늘날 냉소주의자는 더 이상 속세의 바깥에 있는 아웃사이더가 아니다. 이제 냉소주의자의 '감시'는 개인에서 군중으로 전환되었다. 앞서 이야기한 것처럼 민주주의가 '감시 권력'을 편재화하는 것과 무관하지 않는 변화이다. '냉소주의적 대중'이 생겨난 것이다. 이들은 디오게네스처럼 속세에 대해 '악의에 찬 눈길'을 보내는 것이 아니라, 현실적으로 조율된 시선을 통해 그 속에 참여한다. "이들은 자신이 무엇을 하는지 알면서도 그것을 한다. 왜냐하면 환경의 힘과 자기 보전의 본능이 동일한 언어를 말하기 때문이다. 그래서 이들은 그

176

렇게 해야 한다고 말한다." 이런 의미에서 냉소주의는 "계몽된 허위의식"이다.[58] 냉소주의자는 짐짓 모든 이데올로기를 혐오하는 것처럼 보이지만 사실 그 자신이 냉소주의라는 이데올로기를 가졌다는 사실을 인정하지 않는다.

이 냉소주의의 밑바탕을 이루는 것은 역설적으로 현실을 지배하는 질서에 대한 거부라기보다 그 질서에 편입해 들어가고자 하는 욕망이다. 현실에서 좌절한 주체가 쉽사리 선택할 수 있는 길이 바로 지배 질서의 논리와 자신을 일치시키는 것이다. 마치 스톡홀름 신드롬과 유사한 증상이라고 볼 수 있다. 권력으로부터 피해를 입었을 때, 권력에 저항하기보다 오히려 권력의 충실한 대변자가 되는 경우를 종종 목격할 수 있는 것과 같은 이치다. 계급적 이해관계를 떠나서 우파의 이데올로기를 지지하게 되는 노동자의 의식 세계를 여기에서 엿볼 수 있다. 이런 의미에서 자기계발의 요구에 복종하지만 또한 그 논리로 완전하게 포섭할 수 없는 과잉의 욕망이 '일베'를 움직이는 에너지이다.

'멀쩡한 자아'를 유지하려면 과잉이라는 '나쁜 욕망'은 배제되어야 한다. 이렇게 자기계발의 논리를 통해 배제된 욕망들이 검열을

---

58 Peter Sloterdijk, *Critique of Cynical Reason*, trans. Michael Eldred, Minneapolis: University of Minnesota Press, 1987. 한국어판은 《냉소적 이성 비판》, 박미애·이진우 옮김, 에코리브르, 2005.

피해 자연스럽게 모여든 곳이 '일베'다. 흥미롭게도 이렇게 금지된 것들이 우파의 성향을 띠게 되었다는 점이다. 이처럼 탈정치성이 부여하는 '우파적인 일상성'이야말로 근대 이래로 부르주아 국가 장치가 노동자를 정치로부터 떼어놓음으로써 얻고자 했던 바로 그것이었다. 일베가 주장하는 '팩트'야말로 도덕을 통해 규정되는 가치를 넘어선 '중립'의 지식이다. 결론적으로 말하자면 이런 일베의 비정치성 또는 탈정치성은 의회정치를 통해 일상의 정치를 질서화하고자 했던 자유주의의 위기를 암시하는 것처럼 보인다. '민주화'의 종착역이 박근혜 정부였듯이, 자유주의의 기획의 끝에 '일베'가 있다는 사실은 의미심장하다.

"일베의 또 다른 이데올로기"

일베 현상을 떠받치고 있는 이데올로기는 냉소주의만 있는 것이 아니다. 여기에 지식인 일반 또는 지성에 대한 혐오를 내장한 반지성주의가 있다. 아이러니하지만 이런 반지성주의의 배경은 한국의 높은 교육열이기도 하다. 일베 현상은 지식의 문제가 삶의 관계를 규정하게 되었다는 것을 말해준다. 이들이 자신들의 우월감 또는 존재 의미를 규정하는 방식은 바로 '팩트', 말하자면 '중립'의 지식을 추구한다는 명분이다. 이런 의미에서 일베는 한국의 높은 교육 수준과 관련성을 가진다. 한국은 고등교육의 나라로 알려져 있다. "세계에서 박사 학위자 인구밀도가 가장 높은 곳이 서울"이라는 농담이 할리우드 블록버스터에 등장할 정도로 한국은 고등교육을 빼놓고 생각할 수 없는 대표적인 아시아 국가이다. 이런 까닭에 외신에 종종 국가가 제공하는 비효율적인 공교육에 만족하지 않고 '자발적'으로 시장주의를 도입한 사례로 소개되기도 한다. 이런 현상을 무조건 부정적으로 볼 필요는 없을 것이다. 평등이라는 관점에서 본다면 한국의 높은 교육열이 흠 잡힐 일만은 아닐 것이기 때문이다. 2011년 조사에 따르면 한국은 OECD 국가 중에서 대학교 졸업자 비율이 가장 높은 나라이다. 고등학교 졸업자 비율은 거의 98퍼센트에 달했다. 지구상에서 문맹률과 가장 거리가 먼 나라를 꼽자면 한국이 상위권을 다툴 것임에 틀림없다. 이처럼 통계를 통해 확인할 수 있는 고등교육 수혜자의 비율은 한국을 이해하기 위한 필수적인 지표라고 볼 수 있다.

몇 년 전에 '〈디워D-War〉 사태'라는 것이 있었다. 코미디언 출신 심형래 감독이 할리우드의 기술력을 능가하겠다고 내놓은 CG영화가 〈디워〉였다. 그러나 영화평론가들은 혹평을 쏟아냈다. 형편없는 작품성 때문이었다. 심 감독이 할리우드의 기술을 뛰어넘었다고 자랑스럽게 홍보한 것과 달리 〈디워〉는 서사와 그래픽 수준에서 B급 평균에도 미치지 못하는 졸작이었다. 영화평론가들은 자신의 본분에 맞게 졸작을 졸작이라고 불렀다. 물론 〈디워〉에 대한 비판이 작품성에 국한되었던 것은 아니다. 쇼박스라는 거대 배급사가 상영관을 독점하고 물량 공세를 펼쳐서 다른 영화를 질식시키고 있다는 비판도 있었다. 당시 쏟아졌던 영화평론가들의 발언을 요약하면, 〈디워〉에 대한 홍보가 과장되었고 작품성이 떨어지는 특정 영화를 상업적인 목적으로 과대 포장하는 것은 옳지 않다는 것이었다. 돌이켜보면 충분히 나올 수 있는 일반적인 주장이었다. 그런데 상황은 전혀 엉뚱하게 돌아갔다. 〈디워〉를 둘러싼 논쟁이 불거졌고, 영화에 대한 찬반양론을 넘어서서 영화평론가와 대중이라는 대립 구도로 입장이 양분되었다. 흥미롭게도 이 논쟁에서 영화평론가라는 존재는 "잘 알지도 못하면서 함부로 대중의 취향을 재단하는 허세 집단"으로 분칠되었다.

단순하게 생각하면 〈디워〉를 둘러싼 사태는 영화평론가 일반에 대한 대중의 불신을 드러낸 것처럼 보인다. 또한 이런 평가에서 더 나아가서 '평론가'라는 지위로 명명되었던 '문화 권력'에 대한 대중의 '항거'라고 이 현상을 이해할 수도 있을 것이다. 실제로 김어준이나 김규항처럼 〈디워〉 논쟁을 '지식인 권력'에 대한 대중의 불만으로 이해하는 이들도 없지 않았다. 당연히 이런 생각이 크게 틀렸다고 말할 수는 없다. 인류 역사에서 지식은 언제나 특정 엘리트를 통해 생산되었고, 일방적으로 제도권의 지식 체계가 결정한 규범에 따라 참과 거짓이 분류되어왔기 때문이다. 대중이 엘리트 중심의 지식 생산에 불만을 품는 것은 당연한 일일 것이다.

그러나 일반론을 벗어나서 좀 더 상황을 숙고해보면, 그렇게 쉽게 단정하기에는 어려운 점들이 있다는 것을 깨달을 수 있다. 앞서 언급했던 사실에 기초해서 한국의 고등교육 현실을 감안한다면, 〈디워〉 논쟁에서 영화평론가가 일방적으로 대중보다 우위에 있는 지식 생산 집단이라고 단정하기 어렵다. 대중이라고 무차별적으로 불리는 집단도 영화평론가 못지않게 지식 생산에 참여하고 있는 것이 엄연한 현실이다. 특히 한국처럼 인터넷 문화가 발달한 곳에서 '소셜미디어'의 역할은 지대하다. '소셜미디어'야말로 지식을 생산하고 선별하는 또 다른 의미에서 작동하는 '게이트키퍼Gate Keeper'라는 사실을 무시하기 어렵다. 특정 포털이나 언론이 독점적으로 '게이트키퍼' 노릇을 할 수도 있지만, 이를 수용하고 확산하는 과정에서 '소셜미디어'의 역할은 결정적이다. 따라서 〈디워〉 논쟁에서 형성되었던 '영화평론가 vs. 대중'이라는 대립 구도는 사실 관계에 기초했다기보다 세계를 이해하는 일정한 관점 또는 이데올로기를 보여주는 태도에 가깝다. 이 이데올로기가 바로 반지성주의이다. 반지성주의는 사회다원주의와 일정하게 관계를 맺고 있다. 사회다원주의의 명제 중 하나가 엘리트에 대한 노동계급의 유전적 우월성을 강조하는 것이기 때문이다. 계급적으로 고립될 수밖에 없는 엘리트는 적응력이 떨어져서 결과적으로 사회적 진화에서 도태될 수밖에 없다. 숱한 문학 작품과 영화에서 자신만의 세계를 고집하다가 '실패하는 지식인'은 이런 이론을 구현하고 있는 것이라고 할 수 있다.

"반지성주의, 파시즘 그리고 '떼거리'"

앞서 잠깐 설명했지만, 반지성주의는 반지식인주의로도 번역할 수 있는데, 단순하게 지식인 일반을 반대한다기보다 철학, 과학, 예술 일반에 냉소를 보내고 지식 활동 자체를 조롱한다는 점에서 지성 전반에 대한 혐오라고 볼 수 있다. 유럽의 경우 이런 반지성주의는 파시즘의 발흥과 밀접하게 관련을 맺고 있다. 파시즘은 귀족과 부르주아에 대항해서 계급의식이 결여된 노동자들을 동원하기 위한 하나의 정치 전략이었다. 당시 사회주의가 민주주의를 주요 이념으로 내세운 것에 반발해서 파시즘은 민족주의를 정치적인 의제로 내걸었다. 여기에서 중요한 것은 반지성주의와 파시즘의 관계라기보다 계급의식을 갖지 않은 노동자들에게 정치적 동기를 부여하기 위해 반지성주의가 호출되었다는 사실이다. 자본주의에서 확장된 생산의 사회성은 어쩔 수 없이 노동자를 사회적 존재로 만들어낼 수밖에 없다. 생산의 사회성은 과거처럼 홀로 장인 정신으로 무엇인가를 만들어낼 수 없는 조건을 말한다. 노동자도 개인에 머무를 수 없고 사회화될 수밖에 없는 것이다. 이렇게 사회적 존재로 거듭나는 과정에서 노동자는 정치와 결합한다. 파시즘의 정치는 이런 메커니즘을 기반으로 반지성주의를 활용한 것이다. 파시즘에 중요한 것은 자신의 감각을 주장하는 개별 노동자가 아니라 '노동자 일반'으로 호명될 수 있는 '떼거리'였다. 이 '떼거리'야말로 정치철학에서 가장 두려워하면서 억압하려고 하는 괴물스러운 정치의 에너지이다.

대중은 원래 수학에서 계산할 수 없는 수의 덩어리를 의미했다. 근대는 세계를 수학의 원리로 설명하는 체제이기도 하다. 사회는 수학적인 방식으로 셈해질 수 있는, 달리 말한다면 집합으로 환원할 수 있는 재현들의 총합이다. 부분집합들이 모인 것이 사회인 것이다. 이 재현들의 재현이 바로 국가라고 할 수 있을 것이다. 대중은 이런 재현의 방식으로 셈해질 수 없는 존재이다. 이렇게 셈해질 수 없는 존재를 과잉이라고 부를 수 있겠다. 과잉의 존재인 대중은 기존의 관습이나 규범을 뒤흔들어놓을 수 있는 원초적 상황이기도 하다. 대중은 분명 새로운 것을 만들어내는 기원이기도 하다. 그러나 대중이라고 이름을 얻었다고 해서 모든 집단이 대중의 과잉을 드러낸다고 말할 수는 없다. 국민이라는 용어 못지않게 대중도 자의적인 방식으로 명명되는 경우가 많기 때문이다. 〈디워〉

논쟁에서 거론된 대중도 과연 앞서 말한 일반적인 대중의 특성을 체현하고 있었던 것인지 되물을 필요가 있다. 이 경우에 대중은 파시즘을 통해 동원되었던 '노동자 일반'이라고 보기 어렵다. 한국에서 대체로 '노동자 일반'은 대중으로 규범화하기 쉽지 않다. 노동은 일반적인 범주라기보다 '노동자라는 특정 신분의 것'으로 받아들여지는 경우가 흔하다. 노동으로부터 벗어나는 것이 이를테면 한국에서 합의되어 있는 '훌륭한 삶'이다. 이런 까닭에 한국의 경우에 대중은 소비자를 지칭하는 경우가 많다. '노동자 일반'이 소비자인 것은 분명하지만, 이 기준에 부합하기 위해 이들은 노동자라는 '신분'을 드러내지 말아야 한다. 앞서 말했듯이 노동자는 오직 소비자로서 존재할 때 시민의 몫을 부여받는다.

"한국의 반지성주의와 도시중간계급"

유럽의 경우와 달리, 지금 한국에서 쉽사리 대중으로 일컬어지는 이들은 OECD 국가 최고의 고등교육 졸업자 비율을 자랑하는 집단이다. 앞서 말했지만 한국에서는 98퍼센트가 고등학교 이상 교육을 받았다. 파시즘이 출현했던 20세기 초반 유럽의 노동자와 처지가 다른 것이다. 지금 한국의 대중은 국가를 위해 몸 바쳐 일하는 산업 역군이 아니라 개인의 행복에 자족하는 도시중간계급의 삶을 지향한다. 이런 이들의 태도에서 파시즘의 단골 메뉴인 반지성주의를 발견한다는 것은 분명 흥미로운 일이다. 반지성주의는 계급의식에 반하는 것이다. 마르크스가 "배움을 통해 프롤레타리아가 잃을 것은 무지와 사슬뿐"이라고 말했던 것도 이 때문이었다. 프롤레타리아와 지식인을 갈라놓는 것이 반지성주의라는 이데올로기인 셈이다. 그러나 한국의 경우에는 이와는 다른 광경을 보여준다. 고등교육을 받은 이들이 지식인을 불신하는 상황이 벌어지고 있는 것이다. 〈디워〉 사태' 이후에도 비슷한 일들이 계속 반복되었다는 사실에서 확인할 수 있듯이, 반지성주의에 따른 '지식인 vs. 대중'의 대립 구도는 한국의 지식 생산 체계를 이해하기 위한 구조라고 볼 수 있다.

'거리의 철학자' 강신주를 둘러싼 논란에서도 이를 확인할 수 있을 것이다. 〈디워〉의 경우에 비해, 강신주를 둘러싼 현상은 더욱 명확하게 한국의 반지성주의가 노동자의 것이라기보다 도시중간 계급의 것이라는 사실을 알려준다. 실제로 '강신주 신드롬'에서 주목해야 할 지점은 자기계발 이데올로기에 대한 회의를 기반으로 철학에 대한 요청이 이루어졌다는 것이다. 강신주의 인기 비결은 여기에 있는 것처럼 보인다. 자기계발이 한계에 도달한 시기에 그는 노골적으로 자기계발 이데올로기를 비판한다. 그런데 그의 비판이 목표로 삼는 것은 '계발'의 타파이지 '자기self'의 포기가 아니다. 오히려 그는 '계발'을 타파하는 '자기'를 역설한다.

강신주가 자본주의를 반대해야 한다고 주장하는 것은 이런 논리에 따른 필연적인 도출이다. 자본주의야말로 '자기'를 파괴하는 조건이기 때문이다. 그의 주장은 특별한 것이라기보다 19세기 이래로 자유주의 사상가들이 제기해온 문제의식을 변주한 것이다. 그가 말하는 강인한 개인은 완성된 자기를 가지라는 이야기이기도 하다. 이 완성에 '실패'도 포함되어 있다는 점이 중요하다. 강신주에게 반지성주의의 혐오가 적용되지 않는 것은 이런 논리 때문이라고 볼 수 있다. 그는 철학자를 자처하는 지식인지만 다른 지식인과 다른 것이다. 어떻게 보면 지금 강신주는 실패한 자유주의의 기획을 복원해야 한다고 주장하고 있는 것인지도 모른다. 그가 말하는 내용은 실제로 고전적 자유주의의 미덕에 대한 것이기도 하기 때문이다.

강신주의 사례에서 알 수 있듯이 한국의 반지성주의가 모든 지식인을 혐오하는 것은 아니다. 그러면 어떤 경우에 반지성주의는 작동하는 것일까. 바로 '자기'의 완성이라는 규범에 들어맞지 않을 경우이다. 예를 들어서 어떤 드라마에 대해 한 평론가가 분석을 했다. 분석이라는 행위가 그렇듯 대상은 이 과정에서 해체되어서 합리적인 언어로 재구성된다. 그런데 이 평론가의 언어가 드라마에서 '자기'를 확인했던 시청자들에게 불편한 것이다. '자기'의 판타지를 뒤흔들어놓기 때문이다. 말할 것도 없이 이것이 비평의 목적이지만, 고등교육을 통해 일정하게 텍스트에 대한 기초적인 이해 능력을 갖춘 이들에게 이와 같은 비평의 언어는 허세 그 이상도 이하도 아닌 것으로 들릴 수 있다. 이들에게 필요한 것은 비평이 아닌 자신들의 이해를 확인시켜줄 친절한 매뉴얼이기 때문이다. '자기'의 완성을 위해 필요한 지식만을 지식으로 간주하는 태도, 이것이야말로 오늘날 한국의 고등교육이 만들어낸 특성인 것이다. 이것을 자유주의 기획이라고 부르는 것은 크게 틀린 정의가 아니다. 이런 '자기'의 완성을 내세운 자유주의에 대한 심정적 혐오가 만들어낸 것이 바로 일베 현상이다. 이들이 말하는 '자유민주주의'는 정확하게 자유주의에서 말하는 관용의 반대편에 서 있다. 이들은 '불관용'을 말한다. 자유주의로 인해 초래된 상대주의를 넘어서기 위한 절대적 가치의 옹호, 이런 측면에서 일베도 '먹고사니즘'으로 대표되는 신자유주의에 대한 피로감을 드러내는 증상이라고 볼 수 있다. 한국의 보수주의를 구성하는 이데올로기는 종종 '진보'의 모양새를 띠고 있기도 하다는 것을 이런 사실에서 확인할 수 있다. '진보'와 '보수'가 만나는 그 이율배반의 지점이 한국의 현실을 구성하고 있다.

9. '박근혜'라는 이율배반

'박근혜'라는 이름은 이런 부르주아 정치의 원리를 구현하고 있는 무엇이다. 여기에서 박근혜는 다른 무엇으로 얼마든지 교체 가능하다. 이 사실을 너무도 잘 알고 있는 당사자가 바로 박근혜일 것이다. 박근혜보다 더 적절하게 부르주아 정치의 이념을 구현한 대상이 있다면 개인 박근혜는 사라질 것이다.

***

지금까지 살펴본 것처럼 한국의 보수가 손쉽게 자신의 기원으로 호출하는 1970년대 박정희 체제는 자본주의에 친화적인 것 같지만 생산력이라는 점에서 그랬을 뿐, 소비주의 측면에서 보면 상당히 금욕적이었다. 특히 부유한 계층을 압박해서 그들이 너무 많은 재화를 독점하지 못하게 했다. 특권층의 과소비에 대한 단속은 이 체제가 소비주의에 결코 우호적이지 않았다는 사실을 보여준다. 1987년 이후 한국에서 전개된 '민주화' 과정은 신자유주의적인 개혁을 포함해서 소비주의의 확장을 초래했고, 산업 역군을 소비자로 거듭나게 만들었다. 외식문화가 창궐하고 대중문화에 대한 관심이 폭증했다.

"쾌락의 평등 vs. 성공의 평등"

소비자가 요구하는 것은 욕망의 분할이다. 이 분할 방식을 어떤 이들은 민주주의라고 부른다. 욕망의 향유를 고르게 분배하는 제도가 민주주의이고, 이를 유지하고 보수하는 것이 정치의 역할이라고 생각하는 것이다. 한국의 민주화라는 것은 궁극적으로 이런 방식으로 소비자 민주주의를 안착시켜온 경로였다. 그렇다고 해서 1987년 이후 이루어진 한국의 '민주화'가 '무늬만 민주주의'라는 의미는 아니다. 엄연히 소비라는 본질적인 내용을 중심으로 구성된 욕망의 분배 구조가 바로 소비자 민주주의의 핵심이다.

화폐를 매개로 해서 쾌락을 공정하게 교환할 수 있는 체제란 공평한 구매력의 분배를 전제한다. 구매력은 즐거움과 만족의 준거점이다. 소비자 민주주의에서 무엇인가를 구매할 수 있다는 것은 능력을 나타내는 지표이자 동시에 만족을 구현하는 행위이다. 원칙만 놓고 본다면 참으로 효율적인 체제이다. 그러나 소비자 민주주의에 근거한 쾌락의 분배는 형식적으로 1/n 형태를 띤 채, '평등의 고원'을 부정하지 않는다. 고원 위에 거주하는 이들은 고원 아래에 신경 쓰지 않는 것이다.

신자유주의는 세대나 계급 격차의 문제를 일자리의 한계로 전환시킨다. 실업의 문제는 일자리가 부족해서 발생하는 것이지 국가정책의 문제가 아니라는 생각을 확산시킨다. 그러나 실상은 정반대다. 일자리는 늘어났지만 안정성이 줄어드는 현상이 발생하는 것이 신자유주의적 환경의 특징이다. 좋은 일자리 하나를 쪼개어 불안정한 일자리 여럿을 만드는 것은 기업의 처지에서 본다면 생색내기에 적절한 조처이다. 이런 구조는 자연스럽게 사회 구성원의 인식에 각인됐다. 지금 현재 한국 사회에서 끓어오르고 있는 불평등의 문제는 비정규직과 정규직을 갈라놓는 차별의 문제이지 고용 자체의 문제가 아니다. 실업률이 높아서 문제라기보다 비정규직이 많아서 문제인 셈이다. 여기에서 평등의 문제는 비정규직의 정규직화라는 요구로 나타난다. 슬라보예 지젝Slavoj Žižek이 말한 것처럼 정규직화 투쟁은 "정상적인 방식으로 착취해주기를 바라는 요구"에 지나지 않는 것인지도 모르지만, 한국 사회에서 불평등의 문제가 고용조건에 있다는 것은 확실하다.[59] 고용조건은 2012년 선거에서 이슈였던 경제민주화와 무관하지 않다.

냉정하게 말해서 '신자유주의 한국'에서 유행어로 자리 잡은 '민생'과 '서민 경제'라는 막연한 용어법이 포괄하는 내용은 노동자를 지우고 그 자리에 구매력을 가진 소비자를 써넣는 것이라고 할 수

---

59 여기에 대한 지젝의 논의는 다음을 참조할 것. 슬라보예 지젝 외, 《다시 더 낫게 실패하라: 위기의 순간을 사는 철학자들》, 이택광 편, 자음과 모음, 2013.

있다. 중산층을 두텁게 만들겠다는 공약이 제시했던 전망이 바로 이것이었다. 한국 사회에서 쾌락의 평등과 나란히 놓을 수 있는 것이 성공의 평등이다. 로널드 드워킨Ronald Dworkin이 말하듯이, 성공의 평등은 "각각의 사람들이 현재의 삶보다 더 큰 가치가 있다고 생각하는 삶을 영위하지 못하는 것에 대해서 합당하게 가질 수 있는 유감의 양 또는 정도에서 평등하게 만드는 것"이다.[60] 한마디로 성공하지 못해서 느끼는 상대적 박탈감을 최소화하려는 것이 성공의 평등이다. 이런 성공의 평등에 대한 생각에 조금씩 변화가 일어나고 있다는 것도 부정할 수 없다. 명문대를 다니는 학생과 지방대를 다니는 학생은 자신의 대학을 비교하면서 상대적 박탈감을 느끼기보다, 같은 대학 내에서 함께 수업을 듣는 동료 학생 사이에 불평등한 처우가 발생했을 때 민감하게 반응한다. 평등의 문제가 복지와 밀접하게 관련돼 있다는 사실을 인정한다면, 이런 변화는 가볍게 보아 넘길 수 있는 사안이 아니다. 평등이 중요한 것이 아니라 그 평등의 관념이 중요하기 때문이다.

앞서 논의했듯이, 한국 사회를 지배하고 있는 이데올로기는 쾌락의 평등주의이다. 쾌락의 평등주의는 '평등의 고원'을 계속 유지

---

60 Ronald Dworkin, *Soverign Virtue: The Theory and Practice of Equality*, Cambridge, MA: Harvard UP, 2002. 한국어판은 《자유주의적 평등》, 염수균 옮김, 한길사, 2005.

한다는 의미에서 유효하다. 노동자와 시민 사이를 구분하고 비정 규직과 정규직을 나누는 것을 정당화하는 것이 쾌락의 평등주의 이다. 쾌락의 평등주의는 경제주의와 쌍을 이룬다. 쾌락의 평등주의는 이런 경제주의를 뒷받침하는 윤리이기도 하다. 윤리라는 것은 기본적으로 공동체를 분할해서 자격에 따라 몫을 분배하는 방식이다. '평등의 고원'은 이런 과정을 통해 만들어진다.

"시민과 분노의 역학"

고원은 일정한 높이를 전제한다. 그 높이에 도달하지 못하는 주변은 고원의 평등주의에서 배제된다. 솟아오른 고원의 평등에 집착하면서도 주변과 고원 사이에 조성되어 있는 근본적 불평등에 대해 눈 감는 것이 쾌락의 평등주의이다. 이 평등주의는 부단한 자기계발을 통해 고원에 올라올 것을 주문한다. 고원에 거주할 수 있는 '자격'을 갖춘 뒤에야 비로소 개인은 하나의 시민으로서 주권을 획득한다. 물론 여기에서 정치는 주권에 대한 요구로부터 더 나아가서 주권과 자유의 분리를 도모해야 한다. 주권과 다른 자유를 주장하는 것, 이것이야말로 공통적인 것에 대한 요구이고, 이를 통해서 급진적인 정치는 발생한다. 실질적인 평등의 문제는 성공이나 쾌락의 범주에 속한다고 말하기 어렵다. 자원의 평등이 중요하고, 이런 까닭에 경제민주화는 중요한 화두로 부상할 수밖에 없었다. 경제민주화는 자원의 평등을 보장해주는 제도를 마련한다는 점에서 정치의 귀환을 예고하는 것이었다. 이 정치의 담당자를 선출하는 것이 이를테면 지난 18대 대선에서 이루어진 선택이었다고 할 수 있다. 정치가 담당하는 제도의 문제에서 잘 드러나듯이 자원을 공평하게 분배하는 것은 주관적인 평등의 태도와 무관하다. 평등주의에 따른 평등의 인지와 그것의 실현 불가능성은 '시민권'을 부여받은 평등의 고원 내에 거주하는 이들과 그렇지 못한 이들 사이에 분노의 대립 구도를 만들어낸다. 한국 사회를 지배하는 분노의 역학은 이런 쾌락의 평등주의를 통해 만들어지는 것이다. "너도 즐기는 만큼 나도 즐겨야 한다"는 원칙을 위반하면서 부당하게 쾌락의 권리를 독점하고 있는 것처럼 보이는 '개인'에 대한 분노가 횡행하는 셈이다.

그러나 입법국가에서 '개인'에 대한 분노는 분노로 그칠 뿐이다. 선을 넘어갔을 때 어김없이 법의 제재를 받게 되기 때문이다. 게다가 '평등의 고원'이라는 윤리적 위계에 분노하는 것은 '개인'의 완성이라는 입장에서 본다면 쓸모없는 '과잉'의 분출일 뿐이다. 이런 분노를 잘 다스려서 자기계발의 에너지로 써야 한다고 '힐링 전도사'는 조언한다. 알랭 바디우의 말처럼, 규제 없는 시장과 경계 없는 민주주의의 완성은 강압적인 안정화이자 동시에 치우지지 않는 중용의 지혜를 최고의 가치로 받아들이게 만든다.[61] 경제의 완벽한 승리가 이루어진 것이다. 합리적이지 않은 정념은 배제되어야 마땅하다는 생각이 광범위한 지지를 획득하게 되었다. 물론 이런 극적인 순간이 도래한 것은 30년도 되지 않은 일이다. 그이외의 시기는 존재의 절멸을 초래하는 극단적 폭력으로 점철되었다. 한국도 예외는 아니었다. 전쟁과 이념 대립 그리고 군사독재로 이어지는 과정에서 국가 폭력은 '개인'의 생존을 위협하는 공포의 대상이었다.

"진보 정권 10년과 국가에 대한 요청"

한국에서 시장자유주의의 도입과 '민주화'의 과정은 이런 국가로부터 폭력을 분리해서 국가의 기능을 중립화하는 것이었다. 아이러니하게도 '권력은 시장으로 넘어갔다'는 유명한 노무현 정부의 발언은 나름대로 사태를 정확히 파악한 결과였던 셈이다. 김대중 정부에서 노무현 정부로 이어지는 '진보 정권 10년'은 실질적으로 자유주의의 원칙에 맞춰 '정상화'를 추구한 시기였다. 이들은 반공주의로 인해 자유주의가 왜곡되어서 안보 논리로 이용되었다

---

61 Alain Badiou, *The Century*, trans. Alberto Toscano, Cambridge: Polity, 2007, p. 3.

는 생각을 가지고 있었다. 이들이 추구한 '상식이 통하는 사회'라는 것은 자유주의에서 원칙으로 삼는 '관용'을 의미했다. 앞에서 살펴보았듯이, 이 과정을 통해 자유주의는 현실 사회주의권의 붕괴 이후에 상실된 사회주의적 전망을 대체하는 가장 유력한 정치적 의제로 부상했다. 이런 의미에서 1992년에 치러진 14대 대통령 선거는 대단히 중요한 계기였다고 할 수 있다. 처음으로 후보 단일화를 이루어낸 야권이 민주 대 반민주라는 슬로건으로 전면전을 펼친 선거였기 때문이다. 그러나 결과는 김영삼의 대통령 당선으로 귀결되었고, 그 이후에 이른바 '민주 세력'은 독자적인 힘으로 정권을 탄생시킬 수 없었다.

'상식이 통하는 사회'라는 자유주의적인 정치 의제는 미완으로 남았지만, 노무현 정부에 이르러 '정상 국가'를 향한 공화주의적인 열망은 최고조에 달했다. 이 열망이 운동으로 전환됨으로써 국가의 '정상화' 또는 '정상 국가'를 달성하기 위한 의회 바깥의 시민 정치가 존재감도 없었던 노무현이라는 개인을 대통령으로 만들어냈다는 것을 상기해야 할 것이다. 이것은 노무현 정부의 실패와 전혀 다른 문제이다. 이런 의회 바깥의 정치가 안철수 현상으로 다시 등장해서 안철수라는 개인을 유력한 정치인으로 만들어냈다는 것은 무시할 수 없다. 이 역시 안철수라는 개인의 성공 여부와 관계없는 문제이다. '진보 정권 10년'을 거치면서도 공화주의적인 시민의 열망은 완전히 안정화되지 않았다. 그 이유는 여럿이겠지만 가장 결정적인 것은 사회복지의 부재일 것이다. 한국은 사회복지의 문제를 가족과 개인에게 떠넘겨왔는데, 이제 그 문제가 한계에 부딪히면서 국가에 대한 요청으로 옮아가고 있는 것이라고 볼 수 있다. 국가에 대한 요청은 궁극적으로 사회복지에 대한 요구이기도 하다. 그런데 모두가 국가에 대해 요청하고 있지만, 그 국가의 상像들은 제각각 다를 수밖에 없다. 어떤 이들에게 국가는 시장주의 이전에 경제 발전을 이룩한 박정희 체제의 귀환이었을 것이고, 어떤 이들에게는 박정희 체제를 극복한 '정상 국가' 또는 '선진국'이었을 것이다. 둘을 통합시키는 자리에 누군가 와야 했고, 거기에 박근혜가 가장 유력했다는 것이 가설이다. 왜냐하면 어떤 국가를 꿈꾸든, 인민주권을 직접적으로 대변하는 유능한 대통령이 필요할 것이기 때문이다. 이 지점에 박근혜의 이율배반이 있다. 특히 해결되지 않은 국가기관의 선거 개입 문제를 감안한다면, 박근혜 정부야말로 민주주의 선거제도 자체의 한계로 인해 집권할 수 있었던 것이라고 할 수 있다.

"대통령 5년 단임제와 '박근혜'라는 이름"

선거 부정의 혐의가 드러나도 대통령 5년 단임제 덕분에 5년만

참으면 새로운 대통령을 뽑을 수 있다는 것은 엄청난 안전 장치이다. 다음 선거에서 표로 심판하면 될 일이지 굳이 다른 방법을 사용할 필요가 없다는 것이 정치를 대화의 문제로 보는 자유주의 정치의 원칙이다. 역설적으로 이런 점에서 박근혜 정부의 탄생은 민주주의 선거제도의 안정성을 보여주는 셈이다. 흥미롭게도 대통령 단임제를 처음으로 관철시킨 주역은 전두환 체제를 만들어낸 12·12 쿠데타 세력이었다. 전두환은 대통령 단임제를 거부했다가 6월 항쟁을 촉발시켜서 6·29선언을 통해 권력을 내려놓게 되었다. 민주주의의 안정화와 박근혜 정부의 출현은 이질적인 조합이다. 그러나 이런 이질성이야말로 박근혜 정부를 가능하게 만든 원인이다. 정치공학의 측면에서 본다면, 박근혜 정부는 권력 장악을 위한 '합리적 수순'을 밟았다.

마키아벨리는 《군주론 Il principe》에서 권력을 장악할 수 있는 세 가지 방법을 제시한다. 첫 번째가 무력을 이용하는 경우이고, 두 번째가 운명 fortuna에 의한 경우이며, 세 번째가 역량 virtu에 의한 경우이다. 무력에 의한 쿠데타를 옳지 않은 것으로 간주하는 '민주 국가'에서 첫 번째 경우는 자연스럽게 권력 쟁취의 수단으로 적절하지 않다고 판명난다. 그렇다면 마키아벨리의 분류에서 지금 참조할 수 있는 것은 두 번째와 세 번째이다. 여유로운 호사가들이 즐기는 공학적인 게임으로 정치를 국한한다면, 결국 정치판이란 것은 권력을 놓고 벌이는 예비 군주들의 각축장이다. 이보다 더 흥미진진한 오락거리는 없다. 정치인은 연예인과 더불어 미디어 산업을 먹여 살리는 무한한 소재들이다. 분석이 난무하고 예측이 횡행하지만, 언제나 그렇듯이 늘 빗나가는 맛이 있기에 적절한 균형을 이룰 수가 있다. 보수의 정치는 바로 이런 2퍼센트 부족한 분석과 예측을 먹고 생존한다. 미디어에 노출이 되면 될수록 영향력은 커진다. 인기 정치인이 되는 것이 권력에 더 가까이 다가갈 수 있는 첩경이다. 이런 원리를 잘 이용한 당사자가 바로 박근혜일 것이다. 물론 노출은 빈도수에 좌우될 수밖에 없다. 너무 자주 나타난다면 식상한 느낌을 주게 마련이다. 그래서 알맞게 조절하는 능력이 필요한데, 대통령으로 당선되기까지 박근혜는 과하지 않은 행보를 계속했다고 평가할 수 있다.

선거기간 동안에 '박근혜'라는 이름으로 만들어진 이미지는 '독재자 박정희의 딸'에 고정시키고자 했던 반대편의 전략을 무력화시키는 것이었다. 박근혜의 이미지를 무너뜨리고자 했던 시도는 여럿 있었지만 효과적이었다고 말하기 어렵다. 이런 결과를 놓고 쉽게 단정하자면 '국민들' 수준을 논할 수밖에 없을 것이다. 박정희에 대한 향수 운운도 이런 맥락에 발생한다. 그러나 앞서 지적했지만, 이른바 진보라는 이들이 박정희에 대한 향수로 단언하면서 넘어가고 마는 그 '생각하지 않는' 지지의 원인을 분석하는 것이 중요하다. 박정희에 대한 향수라고 쉽게 단정되는 그 정서의 핵심에 도사리고 있는 것은 자본주의를 제대로 작동시켜 달라는 요청이다. 박근혜는 이 요청을 인격화하고 있다. 박근혜와 박정희를 연결 짓는 발상은 마키아벨리가 말한 운명의 수혜자로 그를 묶어놓고자 하는 의도를 감추고 있다. 박정희의 후광으로 '광신도들'이 박근혜를 지지한다는 논리가 그것이다. 이런 까닭에 박근혜에 대한 지지를 박정희 향수로 판단하는 결과를 초래한다. '박근혜'라는 이름은 단일한 정치적 스펙트럼을 가지고 있지 않다. '보수'의 특징이 그렇듯, 박근혜를 지탱하고 있는 정치적 지지 기반은 다양하다. 이런 다양성을 만들어낸 원동력이 단순하게 태생적인 운명에 힘입어 손쉽게 얻어낸 행운만은 아닌 것이다. 이 문제는 '박근혜'라는 개인에 머무는 것이 아니라 그의 이미지를 통해 드러나는 어떤 현상과 관련 있다. 박근혜가 있다기보다 '박근혜'라는 이름이 있는 것이다.

　물론 박근혜를 스타덤에 올려놓은 것은 분명 박정희의 유산이다. 이것은 운명이라고 말할 수 있다. 운명은 행운의 다른 말이다. 노력을 통해 얻은 것이 아니라 태어날 때부터 그랬다는 뜻이다. 인간 박근혜를 만들어낸 것은 박정희라는 과거임에 틀림없다. 그러나 지금 시대가 중세도 아니고, 근대국가에서 이렇게 타고난 행운만을 가지고 강력한 정치적 지지를 획득하긴 어렵다. 역량을 보여줘야 하는 것이다. 박근혜가 '보수'에서 지지층을 확보한 것은 2012년 총선에서 역량을 입증했기 때문이었다. 박근혜가 어떤 역량을 보여줬는지 안철수와 비교해보면 금방 알 수 있다. 박근혜와 유사한 위치로 부상한 인물이 바로 안철수이다. 안철수는 박근혜와 달리 타고난 운명은 없지만 '타인의 호의'를 얻는 행운을 얻었다. 여하튼, 권력을 얻을 수 있는 하나의 교두보를 확보한 셈이다.

"박근혜의 정치적 역량"

그런데 박근혜가 2012년 총선을 거치면서 빈사의 위기에 처했던 여당을 기사회생하게 만들어 '선거의 여왕'으로 화려하게 복귀했을 때, 안철수에 대한 지지율이 주춤했던 사실을 기억할 필요가 있다. 태생적인 것이든 후천적인 것이든, 행운만으로 고정적인 지지층을 확보하기란 어렵다는 것을 방증하는 사례이다. 박근혜에게서 확인된 것이 바로 이 역량이다. 이것을 정치적 역량이라고 불러도 되겠다. 물론 박근혜의 역량은 2012년 총선에서 비로소 증명된 것이 아니다. 그의 역량이 결정적으로 드러난 것은 대통령의 자리에 오른 이명박에게 후보 자리를 양보했을 때였다. 당시에 많은 전문가들은 당시 야당이었던 한나라당의 분열을 점치고 있었다. 친이계와 친박계가 벌이는 계파 갈등이 봉합될 것처럼 보이지 않았기 때문이다. 그러나 예상은 보기 좋게 빗나갔다. 박근혜는 양보했고 덕분에 이명박 정부가 탄생할 수 있었다. 당연히 고난이 예정된 양보였다. 그 이후 다시 불거진 친이계와 친박계의 갈등이 이를 말해준다.

한마디로 박근혜의 역량은 꽤 오랜 시간을 걸쳐 차곡차곡 축적된 것이라고 할 수 있다. 당을 위해서 자신을 희생하면서 박근혜는 박정희의 후광에 머물러 있던 지지층의 외연을 확대했다. 천막 당사와 세종시 문제에서 확고한 입장을 보였을 때 지지율이 상승했다. 물론 그 이후 다양한 현안에 대해 침묵을 유지함으로써 그동안 쌓아온 이미지를 깎아먹은 측면이 있지만, 큰 타격을 받았다고 보기 어렵다. 박근혜는 운명에 머물지 않고 역량을 보여줌으로써 자신의 이름을 완성한 것이라고 할 수 있다. 게다가 박근혜는 집권 여당의 후보이기도 했다. 이 삼박자가 들어맞으면서 박근혜는 보수의 헤게모니를 움켜쥘 수 있었던 것이다.

국정원 댓글을 비롯한 국가기관의 선거 개입과 이 문제는 별도의 사안이다. 선거 개입 이전에 박근혜에 대한 지지가 완결되어 있었다는 사실이 중요하다. 왜 그 누구도 아닌 박근혜를 지지했는지 이것이 문제이다. 박근혜를 지지하는 상당수가 정당정치에 대한 반감 내지 혐오를 가지고 있다는 사실을 상기해야 할 것이다. 국가기관의 선거 개입은 자유주의 정치관과 배치된다는 점에서 오히려 '박근혜'라는 이름의 본질을 정확하게 드러내는 것이라고 할 수 있겠다. 돌이켜보면 박근혜는 기성 정치인 같지 않은 행보를 보였던 정치인이었다. 여러모로 안철수와 겹치는 지점이다. 박근혜가 보여준 이미지가 바로 이런 정서에 기반을 둔 것이었다. 정치인이면서 정치인답지 않은 행보를 보여온 박근혜에 대한 지지는 한국 사회에 만연한 탈정치화를 반영한 것이라고 하겠다. 여기에서 탈정치화라는 것은 비정치의 다른 말이기도 하다. 의회정치에 반대하는 비정치는 '감시 권력'의 편재화를 의미한다. 이런 '감시 권력'의 문제는 옳고 그름 또는 정의의 실현이라는 정치의 문제와 무관한 것이다. 시장의 '진리'를 구현하기 위한 효용성을 기준으로 정치를 평가하는 민주주의의 속성과 이 문제는 밀접하게 관련되어 있다. 경제라는 범주가 모든 가치에 선행함으로써 국가를 통해 재현되지 않는 과잉의 데모스는 충실한 '국민'으로 자기 몫을 부여받게 되는 것이다. 이 '국민'은 또다시 도시와 농촌 그리고 한국의 경우처럼 수도권과 비수도권으로 나뉘어서 각자의 자리를 차지하게 된다. 구분을 무너뜨리고 공동체의 합의를 깨뜨리면서 새로운 경계선들을 만들어내야 할 정치는 이제 쓸모없는 과잉의 제스처로 규정되어 억압당할 수밖에 없다. 정치라고 호명되는 것은 부르주아적인 가치에 변별성을 부여하는 차이에 따라서 안전한 궤도를 따라 움직일 수 있을 뿐이다.

이것이 바로 정치공학과 정치철학이 동맹 관계를 맺게 되는 이유라고 할 수 있다. 자유주의 '통치 기술'에 의거한 부르주아 정치는 장기판을 뒤집는 것이 아니라, 각 계파들이나 정파들 사이에 조성된 세력균형을 적절하게 조절하는 과정이다. 이 과정에서 정당은 모든 정치적인 것을 빨아들여서 절대화한다. '진보'는 민주당이고 '보수'는 새누리당이라는 선입견이 이런 원리에 따라 고착화한다. 그러나 더 이상 정치에서 '진보'와 '보수'는 변별성을 가지기 어렵다. 실질적인 갈등의 정치를 배제하고 경제적 이해관계의 조절과 공공재의 분배를 목적으로 삼는 부르주아 정치체제는 '등가적 교환'을 매개로 정의를 실현하고자 한다. 말하자면, 등가적 교환이 가능한 정치만을 정당한 것으로 인준하는 것이다. 따라서 민주주의는 민주주의이되, 이것은 공평하게 교환할 수 있는 민주주의를 의미한다. '마음에 들지 않는 정치인을 갈아치울 수 있다'는 전제가 여기에 깔려 있다.

"부르주아 정치의 원리를 구현하는 그 이름"

'박근혜'라는 이름은 이런 부르주아 정치의 원리를 구현하고 있는 무엇이다. 여기에서 박근혜는 다른 무엇으로 얼마든지 교체 가능하다. 이 사실을 너무도 잘 알고 있는 당사자가 바로 박근혜일 것이다. 박근혜보다 더 적절하게 부르주아 정치의 이념을 구현한 대상이 있다면 개인 박근혜는 사라질 것이다. 안철수도 그 가능성을 보여줬기에, 그에게 '타인의 호의'가 집중된 것이라고 할 수 있다. '박근혜'라는 이름은 그보다 더 적절하게 현재진행 중인 부르주아 정치의 원리를 구현할 사람이 없기 때문에 호명된 것이다. 이런 측면에서 '보수'에게 '박근혜'라는 이름은 자유주의의 위기로 인해 초래된 혼란을 안정시킬 수 있는 적격자로 받아들여졌다. 박근혜는 '아버지의 소망은 복지국가였다'는 한마디로 경제개발과 복지국가를 하나로 묶어버릴 수 있는 존재였다. 박근혜가 보여주는 것은 여야를 넘어선 정치, 다시 말해서 정치라는 가면을 쓰고 있는 경제였다. 대통령에 당선된 뒤에도 그는 시종일관 이런 입장을 고수하고 있다. 그러나 '박근혜'라는 이름을 만들어낸 '보수'는 자기의 운명을 모르는 오이디푸스 같은 비극적 존재이다. 신자유주의를 추진해서 노동유연화와 금융시장화를 가속화해왔지만, 정작 자신들이 수혜자이자 동시에 피해자일 수 있다는 생각을 하지 못하는 것이 한국에서 '보수'를 신봉하는 이들의 특징이다. 신문사들이 정부의 특혜를 받아 종편에 진출하고, 과거 정경 유착의 습속이 남아서 제2금융권이 과잉 투자를 한 탓에 문을 닫는 일이 속출했던 것이다. '박근혜'라는 이름으로 표현되고 있는 인민주권의 의미, 다시 말해서 국가에 대한 요청을 이런 '보수'가 제대로 이해할

리도 만무하다. 오히려 '보수'는 '박근혜'라는 이름으로 이런 인민 주권의 문제를 무마하려는 것처럼 보인다. 불을 끄기 위해 휘발유를 뿌리는 오류를 범하고 있는 것이다. 이념 없는 정치가 맞닥트린 곤경이 서서히 드러나고 있다.

10. 통치의 위기와
　　새로운 정치의 통로

박근혜 정부는 결코 박정희 체제의 계승일 수가 없다. 지금은 부르주아가 지배하는 시장주의 시대이기 때문이다. 권력은 이미 시장으로 넘어온 것이다. 아니 정확하게 말하면, 정치의 문제는 이제 개인의 규율이 아니라 '살아가는 것'에 대한 관리가 되었다. 정치는 '먹고사니즘'을 유지하는 것을 돕는 한에서 효용성을 가질 뿐이다. 박근혜는 다만 이 시장에서 '보수'의 헤게모니를 계속 유지하기 위해 호출된 이름이다.

***

박근혜 정부의 출범을 선언하는 행사는 다양한 함의로 채워져 있었다. 향후 정국 운영에 대한 상징적 의례인 취임식은 '서민'의 편에 서 있는 대통령의 이미지를 연출하기에 바빴다. 여기에서 '서민'의 편에 서 있다는 것이 굳이 '가깝다'는 의미는 아니다. 그래서 박근혜 대통령 취임식의 의미가 특이한 것이라고 할 수 있다. 축하 공연도 세대별 감수성을 하나로 버무려놓아서 세대 화합의 의미를 부각시켰다. 물론 보기에 따라서 엉성한 부분도 없지 않았지만 메시지 하나는 명확했다. 취임식의 절정은 역시나 취임사에 있는 법이다. 여러 내용이 있었지만, 박근혜 정부의 구상은 취임사에서 강조한 '한강의 기적'이라는 표현에 집약되었다.

요약하면 다시 한 번 '한강의 기적'을 만들어내자는 것인데, 이런 제2의 기적은 미래창조과학부의 설립으로 대표되는 '창조 산업'의 증진을 통해 가능하다는 논리였다. 산업의 기조가 '삽질'에서 다시 김대중 정부 시절의 IT산업으로 돌아간다는 메시지 정도를 읽을 수 있겠다. 그러나 취임식은 이런 논리를 일목요연하게 드러내는 것보다도 감성적인 차원에서 '박근혜'라는 이름을 표현하는 것에 집중했다. 무엇보다도 '박근혜'라는 이름을 가진 대통령은 단순하게 '서민친화성'을 드러내지 않았다. '서민처럼' 또는 '서민과 같은' 대통령이라기보다 '서민을 보살피는' 대통령의 이미지를 더욱 강조했던 것이다. 텔레비전 중계 실황에 간간이 비치는 '철통경호'의 모습도 대통령을 서민과 하나가 되는 존재라기보다 서민을 위해 무엇인가를 해줄 수 있는 존재로 비치게 만들었다. 삼엄한 경호원을 대동한 대통령의 모습은 알랭 바디우가 지적했던 사르코지의 이미지를 연상시켰다. 그러나 메시지를 전달하는 언어는 개념적이지 않았고, '행복'이라는 정서적인 표현이 모든 메시지를 압도했다. 취임식을 주도한 '행복을 주는 사람'이라는 대통령의 이미지는 '서민'의 고통을 덜어주고 해결해줄 수 있는 리더십에 대한 강조였다. 취임식의 메시지만을 놓고 생각한다면, 박근혜 정부는 복지나 경제민주화에 대해 '시혜적 관점'을 유지할 것처럼 보였다. 이처럼 취임식에서 드러났던 이미지를 한마디로 정리하자면 박정희 체제의 긍정성이다. 물론 취임식에서 박근혜 대통령은 아버지 박정희와 어머니 육영수를 동시에 이미지화했다. '한강의 기적'에서 '행복을 주는 사람'으로 이어지는 수사학은 성장 동력을 IT산업으로 놓았을 뿐, 첨단산업의 육성을 통해 국가 발전을 도모한다는 박정희 식 경제개발의 논리를 보여주는 것이다. 또한 "희망이 열리는 나무" 제막식에서 보여준 한복 입은 '여성' 박근혜 대통령은 자상한 육영수의 모습을 떠올리게 만들었다. 이 모든 것을 종합했을 때, 박근혜 대통령 취임식은 과거 산업화 시대의 뿌리를 드러내는 퍼포먼스였다고 할 수 있다. 축하 공연도 이런 취지를 드러내려는 시도처럼 보였다. 박근혜 정부가 어떤 감수성을 가진 것인지 정확하게 보여주는 취임식이었다고 하겠다.

"87년 체제와 박근혜의 귀환"

그러나 '박근혜'라는 이름은 '독재자의 딸'이 다시 권좌로 돌아온 것이 아니다. 이른바 '민주화 세력'에게 박근혜는 과거에 묻어버린 망령의 귀환처럼 보일지도 모른다. 그러나 이런 현실은 이미 이명박 정부의 집권에서 시작되고 있었다. 당시 민주당은 이명박 정부의 등장을 '반민주 세력'의 귀환으로 규정했지만, 상황은 그렇게 호락호락하지 않았다. 문제는 이명박 정부가 '반민주 세력'이라는 사실에 있다기보다, 왜 그 과거가 다시 돌아온 것인지 그 물음을 던지는 지점에 있었다. '민주화 세력'은 김대중 정부를 계승한 노무현 정부의 집권을 계기로 패러다임의 전환을 확신했지만, 그 확신은 노골적으로 배신당했다. 그토록 제거하고자 했던 '적'은 사라지지 않았다. 왜냐하면 이른바 80년 광주에서 확인되었던 국가와 인민의 불일치는 국가로부터 배제된 존재들을 필연적으로 만들어냈고, '민주화'의 과정은 혁명적 자유주의의 관철에 성공적으로 이르지 못하고 87년 체제로 귀결되었기 때문이다. 87년 체제는 80년대에 '민주화'라는 명분으로 의회정치를 넘어서는 과잉의 정치를 투표와 정책이라는 제도적 장치에 훌륭하게 고정시켰다. 여기에 대해 이나미는 다음과 같이 말한다.

개정된 헌법 하에서 실시된 1987년 대통령 선거에서는 후보 단일화에 실패한 야당이 패하고 민정당의 노태우 후보가 당선되는 결과를 가져왔다. 이 시기 저항세력의 이념에 특징적인 점은 그동안 의심 없이 받아들여졌던 자유민주주의가 재고되기 시작했다는 것이다. 그것은 광주에서의 미국의 책임에 대한 문제 제기와 더불어 반미주의가 등장하고 학생운동 출신들이 노동운동에 투신하면서 실질적 민주주의와 사회주의 사상에 대한 관심이 높아졌기 때문이다. 그러나 재야 세력과 많은 학생들은 여전히 형식적 민주주의의 회복을 촉구하였고, 박종철 치사사건과 전두환의 호헌 조치는 운동 세력 내의 다양한 이념적 성향에도 불구하고 호헌 철폐와 직선제 쟁취라는 목적으로 결집되었다.[62]

지금까지 논의를 한마디로 정리하자면, 박근혜의 귀환은 87년 체제가 만들어낸 타협의 민주화로 인해서 가능할 수 있었다. 80년 민주화의 결과물이 박근혜 정부라는 것이 아이러니할 수도 있지만, 6·29의 결단이 전두환을 통해 이루어진 것이었고, 3당 합당을 통해 김영삼 정부가 탄생했다는 사실을 감안한다면, 박근혜 정부의 등장이라는 결과는 87년 체제 초반에 이미 예정되어 있었던 것인지도 모른다. 87년 체제가 타협의 산물이라는 역사적 사실이 말해주는 것은 명확하다. '진보' 또는 '보수'라고 불리는 일정한 정치 세력이 상대방 없이 독자적으로 존재할 수 없다는 것을 말해준다. 현실에서 이 둘은 싸우지 않는다. '일베' 같은 문화 현상에서 확인할 수 있는 '민주화' 조롱 현상은 이런 현실에 대한 불만이 극우의 스펙트럼을 통해 표출되고 있는 것이기도 하다.

인터넷을 중심으로 확산되고 있는 이런 "네오라이트"가 광주 항쟁에 부정적이면서도 6월 항쟁에 대해 긍정적인 태도를 취하는

---

62 이나미, 《한국의 보수와 수구》, 지성사, 2011, 163쪽.

것은 87년 체제야말로 광주를 통해 분출된 정치적 과잉을 제도적 절차에 고정시킨 결과물이기 때문이다.[63] 이 상황에서 중요한 것은 '민주주의' 자체라기보다 '어떤 민주주의인가'라는 질문일 것이다. 왜냐하면 유럽과 미국의 경우와 마찬가지로, 한국의 '민주화'도 인민주권의 개념을 형성하는 과정이긴 했지만, "정작 인민의 존재는 인민주권 개념이 성립하기 전까지 분명치 않았"기 때문이다.[64] 87년 체제의 민주화는 인민주권이 형성되는 시기였지만, 고병권의 지적처럼, "그 과정은 동시에 인민을 구성하는 과정이었던 것"이다.[65] 말하자면, '민주화'는 특정한 인민을 전제하는 기원이 아니라, 오히려 그 인민을 구성하는 과정이다. 따라서 지금 현재 인민이라고 규정할 수 있는 모종의 집단은 바로 87년 체제를 통해 형성된 것이라고 말할 수 있겠다. 물론 앞서 제시했지만, 이 인민은 여전히 불완전하고, 인민이라는 집단을 구성 또는 규율화 하고자 했던 혁명적이거나 급진적인 자유주의도 쇠퇴했다는 것을 부정하기 어렵다.

---

63 네오라이트의 부상에 대한 논의는 다음을 참조할 것. 박권일, 〈뉴라이트에서 네오라이트로? 한국의 반反이주 노동담론 분석〉, 《우파의 불만》, 글항아리, 2012.

64 고병권, 《민주주의란 무엇인가》, 그린비, 2011, 58쪽.

65 고병권, 같은 책.

"산업화 세대 vs.민주화 세대"

이런 와중에 인민은 어떤 형상으로 현시하고 있는가. 선거가 인민의 의사를 집중적으로 반영하는 거울상이라고 한다면, 2012년 선거에서 확인할 수 있었던 것은 확연하게 분열되어 있는 두 개의 인민이었다. 루소의 말처럼, "야만의 상태에서 인민은 자유롭지만, 시민적인 충동이 활력을 잃는 순간 자유는 사라진다".[66] 자유는 없는 것에서 획득되는 것이지, 있던 것에서 회복되는 것이 아니다. 자유는 무에서 유를 만들어내는 것이다. 국가가 구성되는 과정에서 자유는 법을 통해 흡수된다. 이 법은 만인의 최대 행복을 목표로 '자유'와 '평등'이라는 목적으로 귀결한다.

87년 체제가 이런 '자유'와 '평등'의 원칙에 입각했다는 것은 분명하다. 그러나 이 체제는 타협의 산물이라는 점에서 일정한 양보를 전제할 수밖에 없었다. 이런 양보의 본질을 구현하고 있는 것이 "산업화 세대와 민주화 세대의 화해"라는 전제이다. 다음과 같은 칼럼은 이런 문제의식을 정확하게 드러낸다.

---

[66] Jean-Jacques Rousseau, *On the Social Contract*, trans. G. D. H. Cole, New York: Dover, 2003, p. 28.

빈곤 경험이 없는 2030세대는 삶의 질은 고사하고 생존 자체가 목적이었던 그 시절, 인권 자유 평등 같은 민주적 가치들이 포기되고 유보될 수밖에 없었던 상황을 고리타분한 옛이야기로만 받아들인다.

또 연령적으로 50대 이상인 산업화 세대는 최빈국으로부터 탈출해 경제성장을 이루어낸 공을 앞세우며 박정희 시대 때 침해된 민주주의의 중요성을 평가절하한다. … '민주화가 옳았느냐 산업화가 옳았느냐' 하는 가치나 개념이 앞선 질문이 아니라 1960년대 70년대 80년대마다 달랐던, 당시 국민들이 최우선적으로 추구했던 과제가 무엇이었느냐는 질문이 먼저이다. 산업화와 민주화를 동시간대에서 병행 발전시킨 나라는 지구상에 없다.

우리 사회의 진정한 통합은 두 세대의 화해에서 출발해야 한다고 나는 생각한다. 민주화 세대는 산업화 세대의 피와 땀이 없었다면 민주화가 없었다는 것을 인정하고 존중할 필요가 있다. 산업화 세대는 민주화 세대의 희생과 고초에 대해 진정성을 갖고 대할 필요가 있다.[67]

---

67 허문명, 〈산업화 세대와 민주화 세대의 화해〉, 《동아일보》, 2012. 09. 20. (http://news.donga.com/3/all/20120920/49537929/1).

이 상황은 그다지 낯선 것이 아니다. 화해의 제스처로 타협에서 발생한 모순을 극복하겠다는 것은 가장 '합리적인 선택'에 속하는 대안일 것이다. 그러나 문제는 타협의 과정에서 배제된 과잉의 공백이다. 이 공백은 계기만 있으면 타협의 체제를 뚫고 솟아올라 자신의 결핍을 호소한다. 87년 체제가 인민주권에 대한 요구를 고정시키면서 제도화한 것이라면, 이를 통해 만들어진 두 개의 인민은 공백을 내포하고 있는 것이라고 할 수 있다. 물론 두 개의 인민이 매끄럽게 구분되는 것은 아니다. 어디까지나 이 구분은 상상적인 것이다. 이 구분을 만들어내는 것은 87년 체제보다 더 오랜 연원을 가지고 있다.

"두 개의 인민, 그 오래된 연원"

첫 번째는 냉전이다. 냉전을 지탱했던 반공주의는 인민주권 자체를 억압하는 이데올로기였다. 인민주권을 주장하는 순간 '빨갱이'로 호명되어 즉결 처분당했던 것이 냉전 시대였다. 정치는 정지되었고 국가 폭력이 직접적으로 인민을 통치했다. 해방자가 아니라 '주인'을 통해 통치되는 인민이라는 근대의 표상은 한국의 경우 냉전의 반공주의를 통해 도래했다. 권헌익에 따르면 냉전은 과거형이라기보다 현재형이다. "폭력적인 내전 충돌 경험은 도덕 공동체인 친족 내의 커다란 정치 위기로 귀결"될 수밖에 없었고, 국가의 법과 친족의 법을 대립하게 만들었다.[68] 인민은 이미 분열되었다. 국가가 추모를 금지시킨 '적'은 친족에 포함시킬 수 없다. 이 적은 새롭게 구성되어야 하는 반공주의 국가의 인민에서 배제되어야 마땅했다. 이런 과정에서 권헌익이 지칭하는 "정치적 유령"이 탄생한다. 권헌익이 말하는 "유령"은 "친밀한 사회생활에서는 느껴지지만 공적인 기억 속에서는 자취를 찾아볼 수 없다".[69]

냉전을 통해 쪼개진 인민에서 적을 배제하고 남은 '국민'을 재구성한 것이 한국전쟁 이후 한국이었다면, 이승만의 독재와 이에 대한 저항은 반공주의로 인해 배제된 "정치적 유령"을 다시 불러낼 수 있는 계기이기도 했다. 그러나 박정희 체제는 이 "정치적 유령"을 다시 지하에 묻어버렸다. 조희연은 박정희 체제 이전의 반공주의를 "원초적 반공주의"라고 부르면서 그 이후 반공주의를 "이념화된 반공주의"라고 지칭한다.[70] "원초적 반공주의"가 "직접적 경험의 참혹성과 가혹성을 상기시키는 방법"이라고 한다면, "이념적인 반공주의"는 "여전히 경험을 상기시키는 식으로 진행되지만

---

68 권헌익, 《또 하나의 냉전: 인류학으로 본 냉전의 역사 *The Other Cold War*》, 이한중 옮김, 민음사, 2013, 138쪽.
69 권헌익, 같은 책.
70 조희연, 《동원된 근대화: 박정희 개발동원체제의 정치사회적 이중성》, 후마니타스, 2010, 243쪽.

다른 한편에서는 하나의 정식화된 이념으로 체계화되고 주입되는 식으로 진행"되었다는 것이다.[71] 이승만 체제의 반공주의가 공동체의 기억에 의지하고 있다면, 박정희 체제의 반공주의는 국가를 통해 체계화되고 이념화한다.

이 결과 반공주의를 옹호하는 것이 바로 국가 안보로 받아들여지게 된다. "반공이 국시"라는 말은 국가를 반공이라는 이념으로 재편하면서 국가를 구성하는 영토와 인구를 재구성하는 것을 의미했다. 그러나 박정희 체제의 반공주의는 4·19혁명을 포섭하면서 통일이라는 민족주의적 대의를 전제할 수밖에 없었다. 이로 인해서 박정희 체제는 필연적인 이데올로기의 모순에 직면한다. 조희연의 지적처럼, 박정희 체제가 표방할 수밖에 없었던 민족주의는 "민족과 대결하는 민족주의"라는 자기모순에 기반하고 있었던 것이다.[72] 민족주의가 궁극적으로 '하나의 인민'을 목표로 삼는 것이라면, 반공주의와 결합한 민족주의는 '두 개의 인민'을 구성할 수밖에 없다. 왜냐하면 반공주의에 부합하지 않는 인민은 배제해야 하기 때문이다.

이 문제를 해결하기 위한 것이 80년대를 지배했던 '통일 운동'의

---

71 조희연, 같은 책.
72 조희연, 같은 책, 300쪽.

패러다임이었다고 할 수 있는데, 박정희 체제가 남겨놓은 모순적인 민족주의 또는 '민족 없는 민족주의'를 정상화하는 것이 중요한 과제로 부각되었던 것이다. 이를 위해 반공주의를 해체하고 민족주의의 본래성을 복원하는 것을 중요한 정치 기획으로 설정할 수밖에 없었다. 단일민족에 대한 염원은 '민족 없는 민족주의'에 민족을 부여하기 위한 근대의 정상화 문제이기도 했다. 앞에서 인용했듯이, 자유주의 철학자 밀은 민족주의를 동일한 정부 아래 존재하고자 하는 욕망의 산물이라고 말했다. 그러나 이처럼 민족주의의 욕망에 입각해서 동일하게 '평등한 인민'을 재현하는 정부는 군사독재 체제에서 불가능했다. 냉전의 흔적은 여전히 공동체의 구성원에게 강력한 영향력을 발휘했고 불평등에 근거한 개발독재를 위해 훌륭하게 활용되고 있었다.

"반공주의와 민주화 세력의 쇠퇴"

박정희 체제에서 반공주의는 이런 맥락에서 다분히 경제주의를 뒷받침하는 통치 방식으로 온존되었다고 말할 수 있겠다. 문지영의 주장처럼 반공은 헌법의 자유민주주의적인 성격과 충돌했던 관계로 "헌법의 원리가 아니라 통치 원리로 존재했다".[73] 이미 논의했듯이, 반공주의의 문제는 '자유민주주의를 수호하기 위해 자유민주주의를 억압한다'는 그 모순에 있다. 이런 모순이 발생하게 되는 까닭은 이념 내적인 것이라기보다 권력의 문제라고 볼 수 있다는 것이 문지영의 입장이다.

　　한국 사회에서 반공주의가 독재 정권들의 선전과 달리 실제로는 반자유주의적으로 가능하게 된 일차 원인은 무엇이 공산주의를 이롭게 하거나 공산주의에 반대하는 것인가 하는 판단을 개인이 아니라 국가가 독점해 왔다는 데 있다. 반공 또는 이적의 내용이 국가에 의해 일방적으로 정해지고 개인은 그저 국가의 결정을 수동적으로 받아들이거나 아니면 처벌을 감수할 수밖에 없는 구조란 자유주의의 발전과 상극이다. 게다가 한국처럼 반공이 '국시'로 강조되는 사회에서 반공 여부의 판단과 그에 따른 처벌 권한을 온전히 국가가 장악한다는 것은 단지 공산주의를 선호하느냐 거부하느냐 하는 이념 선택의 문제에 있어서만 아니라 사회 전반의 영역에서 개인의 자유로운 의사 결정이 불가능하게 됨을 의미했다.[74]

　　이 논의에서 핵심적인 것은 반공을 국가의 판단 문제로 봄으로

73　문지영, 《지배와 저항: 한국 자유주의의 두 얼굴》, 후마니타스, 2011, 202쪽.
74　문지영, 같은 책, 205쪽.

써 개인의 자유가 억압될 수밖에 없었던 상황이다. 다시 말하면, 반공이라는 이념성 때문에 자유민주주의가 제대로 작동하지 못한 것이 아니라, 그 이념을 국가의 정당성을 확보하기 위한 권력의 수단으로 이용했기 때문에, 자유민주주의에서 원칙으로 내세우는 다른 가치는 뒷전으로 밀려날 수밖에 없었다는 말이다. 이 말은 반공에 대한 논의를 원천적으로 차단하고 오직 국가가 반공주의의 내용을 독점함으로써 도그마를 생산한 것이라고 말할 수 있다. 반공을 국가권력으로부터 분리시켜 공론화한다면 반공주의의 문제는 일정하게 해소할 수 있을 것이라는 의미이다. 1990년대에 자유주의에 근거한 주장이 반공주의를 일정하게 무력화시킬 수 있었던 것이 바로 이 때문이다. 또한 이런 까닭에 반공주의의 내적 모순은 '민주화'의 과정을 통해 비로소 본격적으로 드러나게 되었다고 볼 수 있다.

앞서 언급했듯이 한국의 '민주화'를 표상하는 87년 체제는 반공주의와 자유민주주의 사이에서 발생하는 모순을 형식 민주주의의 확립을 통해 해결하고자 했다. 그러나 이미 논의했지만 반복해서 상기하자면, 87년 체제를 탄생시킨 6·29선언 이후의 '정치 협약'은 "민주화 운동 세력을 대변했던 국민운동본부를 배제하면서 참여의 범위를 최대한 제한했던 구체제 엘리트들의 '원탁회의'였다"는 사실이 중요하다.[75] 이로써 한국 민주주의는 보수주의로 귀결되었다는 것이 최장집의 주장인데, 80년대 운동을 통해 '견인'되었던 정치인은 87년 체제의 과실을 가장 많이 취득할 수 있었던 집단이었다. 김대중-노무현 정부의 등장은 그나마 과거의 습속에 기대어 명맥을 유지했던 민주화 운동 세력을 소진시켰다. 이런 모습은 다분히 '민주화' 운동 세력을 기득권으로 비치게 만들었고, 이에 대한 반-민주주의의 '감시'가 강화되었다. 반-민주주의와 우파 이데올로기의 결합이라고 할 수 있는 일베 현상의 출현은 민주 세력의 기득권화와 무관하지 않다.

"안철수 현상과 진보 그리고 보수"

일베 현상과 전혀 다르게 보이지만 같은 맥락에서 현신한 것이 안철수 현상이라고 할 수 있다. 2012년을 복기해본다면, 당시 이명박 정부의 지지율은 바닥을 쳤지만, 그렇다고 그에 대응하는 야당의 지지율이 오른 것도 아니었다. '부동층'이라고 규정되는 무당파 성향의 유권자들이 선거판을 흔들고 있었다. 이 현상 자체가 여야 정치로 포섭할 수 없는 다른 정치를 암시하고 있었다. 결정적으로 2012년 선거는 87년 체제에서 명맥을 유지했던 진보 정당의

75 최장집, 《민주화 이후의 민주주의》, 후마니타스, 2005, 139쪽.

퇴출을 강제하는 것이기도 했다. '비판적 지지'라는 명목으로 진보 정당은 자명성을 포기했다. 당시 선명한 진보 노선을 표방한 정당, 예컨대 녹색당과 진보신당은 형편없는 득표율을 기록했다. 이런 상황에서 안철수 현상은 '진보'의 의제를 대리하고 있는 것 같은 착시 현상을 보였다. 한국의 '진보'를 구성하는 자유주의의 원칙을 복원하자는 것이 안철수 현상을 밀고 간 핵심적인 욕망이었다. '두 개의 인민'을 '하나의 인민'으로 합치시키려는 시도가 안철수 현상에 내재해 있었다. 일베 현상이 '두 개의 인민'을 그대로 둔 채 한 쪽을 소멸시킴으로써 하나에 도달하고자 하는 것이라면, 안철수 현상은 둘을 서로 합쳐 하나로 만들려고 하는 것이다. 이런 안철수 현상은 지금까지 '진보'와 '보수'로 나뉘어 행복한 동거를 하던 기성 정치를 뒤흔들어놓는 계기였다.

한국에서 대체로 이념 지향은 민주주의와 자본주의에 대한 태도를 통해 결정됐다. 전자를 후자보다 중요하게 여기면 '진보'고 그 반대면 '보수'로 분류했던 것이다. 그러나 이런 구분은 다분히 '민주적 자본주의'라는 일란성 쌍생아를 두고 붙인 다른 이름에 불과하다. 자본주의의 시장을 민주주의의 기준으로 받아들인다는 점에서 이들은 같은 문제의식을 공유한다. 물론 북한에 대한 태도를 기준으로 '진보'와 '보수'를 나누는 습속이 여전히 남아 있지만, 다분히 냉전의 잔재로 인한 것이라고 볼 수 있고, 세계 체제의 변화에 따라서 서서히 이런 구분법은 의미를 상실하고 있다. 겉으로 드러나기에 격렬한 이념 갈등을 분출하는 것처럼 보이지만, 정치 영역을 떠나 경제 영역으로 넘어오면 이런 갈등은 거의 존재하지 않는다. 자원의 분배 방식을 놓고 다투는 정도가 전부이다. 누구에게 공적인 재원을 더 몰아줄 것인가를 놓고 서로 힘겨루기를 하는 것이 흔하게 목격할 수 있는 '진보'와 '보수'의 대립 구도이다. 분배 방식을 결정하는 두 입장에 차이가 없다고 말하기는 어렵다. 대체로 진보에 속한다는 이들은 구성원의 선택을 강조하면서 사회적 요구와 권리를 중요하게 내세우는 반면, 보수라고 자기 규정하는 이들은 시장의 한계수익성에 근거해서 자유로운 시장 효과의 극대화를 최우선으로 설정한다.

심각한 갈등을 야기하는 것 같지만, 두 입장 모두 자본주의 경제를 일종의 '자연법칙'으로 인준하고 있다는 점에서 서로에 대해 크게 변별력을 갖지 못한다. 정치의 영역으로 넘어오면 개별적인 정치 세력들은 자기 세력이 다른 세력보다 훨씬 더 자본주의에 적합한 존재라고 유권자들을 설득한다. 마음에 들지 않는 정치인을 경영인 바꾸듯이 해임할 수 있다는 생각이 정당성을 획득했고, 국가 경영을 효율적으로 하지 못한 대통령은 처벌받아야 마땅하다는 생각이 정의라는 이름으로 자리 잡았다. 여기서 주목해야 할 것은 이런 논리를 구성하는 근거가 결코 정치적이지 않고 도덕적이라는 사실이다. '통치 기술'을 정립하려는 정치라는 것은 사회에서 근본적인 갈등을 관리하는 과정에서 출현한다. 갈등 자체가 정치라기보다 이것을 제도화하고 사회화하는 것이 정치이다. 따라서 정치는 모든 갈등을 다 포섭할 수 없다. 완전하게 재현할 수 없는 공백이 언제나 정치제도에 내재하는 것이다.

이 공백을 만들어내는 것은 자본주의를 떠받치고 있는 물질성이다. 진짜 갈등은 여기에 있고, 이 갈등에서 실질적인 정치가 움튼다고 생각하는 이들도 존재하는데, 노동자도 시민이라는 주장과 시민도 노동자라는 주장이 서로 만나는 지점에서 정치의 의미를 찾는 것이 요청되고 있기 때문이다. 이 자명한 정치성을 용납할 수 없는 것이 '보수'일 것이다. 어떻게든 의회정치의 포섭으로 정치성을 붙잡아두려는 의도가 보수주의의 본질이다. 박근혜가 호출되는 지점이 여기였다. 박근혜는 보수주의의 유지 또는 복원을 위해 호출되었지만, 이 보수주의는 87년 체제의 타협에서 피로감을 느끼는 이들에게 명분을 제공했다. 87년 체제는 '정치 협약'을 전제한다는 점에서 '진보'와 '보수' 모두에게 관용을 강요했다. 그러나 이런 관용은 통치성의 문제이기도 하다. 웬디 브라운Wendy Brown의 고찰은 다음과 같다.

자유민주주의 국가는 법령에 근거한 강제가 아닌 다양한 방식으로 관용을 선전하고 있으며, 국제적 차원에서 관용은 인권의 일부분으로서 자신이 속한 체제와는 상관없이 인류라면 누구나 누려야 하는 것으로 인정되고 있다. 이러한 변화—즉, 관용이 국가를 넘나들며 다양한 시민사회를 가로지르는 일반적 원칙으로 작동하고 있다는 사실—는, 관용의 대상이 그동안 믿음의 문제에서 정체성의 문제로 변화했다는 사실, 그리고 관용이 주권 권력의 한 요소였다가 통치성의 요소로 변화했다는 사실과 긴밀하게 연결되어 있다.[76]

이 관용의 통치성이 추구하는 것은 "국가를 제한하고 자유를 극대화하며 '살고, 살게 내버려 두라'"는 것이다.[77] 얼핏 보면 이런 관용의 원칙은 대상을 서로 통합시키고자 하는 것처럼 보이지만 실질적으로 '관용의 주체'를 중립적인 것으로 설정하게 만든다. 중립적인 것에 반하는 것이 바로 관용을 통해 소멸시켜야 할 차이이다. 웬디 브라운은 이렇게 현대의 관용은 타자성을 관용의 대상에게 떠넘기는 논리를 생산한다고 비판하고 있다.

박근혜를 지지했던 '보수'의 논리가 바로 이 관용의 원칙이었다. 그러나 이런 관용의 원칙은 대상의 차이들을 절대적인 것으로 만

---

76 웬디 브라운, 《관용: 다문화제국의 새로운 통치전략Regulating Aversion:Tolerance in the age of Identity and Empire》, 이승철 옮김, 갈무리, 2010, 76쪽.
77 웬디 브라운, 같은 책, 78쪽.

들면서 주변화한다. 2012년 선거기간 동안 보여준 박근혜의 대통합 행보는 세속적이고 중립적인 관용의 원칙을 적절하게 드러낸 사례였다고 할 수 있다. 이를 통해 관용에 동의하지 않는 이들을 '차이화'해서 배제하는 방식이 박근혜에 대한 지지 행위를 정당화했다. 민주화 세대와 산업화 세대가 서로를 관용해야 한다는 원칙은 자유민주주의를 완성시키고 '하나의 인민'을 달성하기 위한 목표를 위해 환기되었다.

케빈 그레이Kevin Gray는 박근혜 대통령이 "1987년에 발생했던 수동적인 혁명을 진척시킬 완벽한 형상"으로 호출되었다고 진단했다.[78] '87년 체제'의 교착 상황을 풀기 위한 '보수'의 약진이 박근혜의 당선으로 이어졌다는 것이다. 이런 까닭에 박근혜 정부의 등장은 이명박 정부에 이은 '보수'의 지속인 것처럼 보이지만 실제 상황은 정반대일지도 모른다. 박근혜 정부는 '보수'의 위기로 인해 출현한 것이기도 하기 때문이다. 2012년 양대 선거에서 인기를 끌었던 경제민주화와 복지라는 의제는 '보수'의 위기를 드러낸 것이었다. 당명까지 바꾸면서 새누리당은 민심을 얻고자 안간힘을 썼다. 이런 배경을 업고 등장한 것이 박근혜 정부인 셈인데, 그러나 정작 새로운 '보수' 정부는 선거기간에 내세운 목표를 어떻게 달성

78　Kevin Gray, "The Political Cultures of South Korea", *New Left Review*, 79, 2013, p. 101.

할지 구체적인 계획을 내놓지 못했다.

"새 정치로 향하는 아이러니한 통로"

'준비된 여성 대통령'이라던 박근혜 정부는 준비되어 있지 않았다. 야심차게 추진하겠다던 경제정책들도 구체적인 추진력을 보여주지 못하고, 내걸었던 공약들은 전면 수정되거나 폐기되었다. 새로운 정부의 정체성을 구성한다고 할 수 있는 '창조경제'를 당정 관계자가 제대로 이해하지도 설명하지도 못하는 해프닝을 연출하기도 했다. 용어 정의를 놓고 우왕좌왕하는 모습은 '창조경제'가 1990년대 이래 공식적으로 사용되고 있다는 사실조차 모른다는 인상을 주기에 충분했다. 경제라면 자신 있는 것처럼 굴었던 보수의 이미지가 깨어지는 순간이었다. 박근혜 정부를 기화로 다시 등장한 종북 논쟁도 '보수'의 위기를 암시한다. 실제로 종북 논쟁은 87년 체제의 '정치 협약'을 위반하는 것이고, '이념적인 반공주의'를 복원하자는 시도이기 때문이다. 경제주의를 거부하고 국가권력을 통해 내재적 배제를 재구성하려는 정치에 대한 요구가 이런 시도에 숨어 있는 의도일 것이다. 그러나 이런 퇴행적인 이데올로기가 과연 관용에 근거한 자유민주주의의 통치성을 대체할 수 있을지 미지수이다. 87년 체제라고 명명할 수 있는 한국의 민주주의 제도는 공화국의 이념을 공유하고 있다. "대한민국은 민주공화국이다"라는 공화주의의 유령은 '보수'에 불안을 선사해왔다. 이런 공화주의가 맞다면 자신들은 역사의 저편으로 사라져야 하는 낡은 세력일 텐데, '보수'의 입장에서 이 사실을 그대로 인정할 수는 없는 노릇이었다. 기본적으로 민주주의는 우상 파괴의 속성을 가지고 있긴 하지만, 우상을 파괴한다고 자동적으로 사회문제가 해결되는 것은 아니다. '보수'라면 자신의 위치를 보전하기 위해 사회적 연대의 가치를 강조할 수밖에 없다. 그러나 종북 논쟁은 결과적으로 적과 아를 갈라서 전자를 척결함으로써 '위생적인 국가'를 수립할 수 있다는 공화주의의 유령을 호출하는 논리다. 종북 논쟁은 지난 대선 기간에 보수가 구축했던 사회적 연대의 이미지를 파괴하고, 만인에 대한 만인의 심판이라는 마녀사냥을 초래할 수밖에 없다.

'보수'가 종북 논쟁을 통해 공화주의를 전유하고자 한다면, 진보는 '독재의 계승'이라고 박근혜 정부를 비판함으로써 공화주의를 자기 것으로 만들고자 한다. 영화 〈레미제라블Les Miserables〉을 '대선 패배 힐링 영화'라고 규정했던 태도에서 이런 심중을 읽을 수 있다. 그러나 선거를 혁명에 비견하는 이런 과대망상이야말로 '진보'가 왜 주변화될 수밖에 없는 것인지 잘 보여준다. 공화주의라는 이제는 유효하지 않은 상상의 이데올로기가 여전히 작동하기 때문에 이런 착시 현상이 발생하는 것이겠지만, 진실을 말하자면, 대선 패배는 실패한 공화주의 혁명이 아니기 때문이다. 오히려 선거 자체가 혁명을 막는 장치이다. 〈레미제라블〉의 상황은 21세기 한국과 동떨어진 것임에도 애써 유사성을 발견해서 위무를 받으려는 행위에서 '진보' 역시 87년 체제의 불만을 해소할 현실적인 대책을 가지고 있지 않다는 것을 알 수 있다.

박근혜 정부의 출현은 '진보'든 '보수'든 실질적인 공화주의를 실현하는 것을 꺼렸기 때문에 가능했다고 볼 수 있다. 한국에서 '하나의 인민'을 구성해야 하는 공화주의는 여전히 미완의 정치체제이다. 이런 의미에서 박근혜 정부는 이명박 정부에 이은 또 다른 보수 정권의 출현이라기보다, 한국의 '보수'가 자기 한계에 봉착했다는 사실을 말해주는 증상이다. 독재자의 딸을 청와대로 돌아가게 함으로써 한국의 '보수'는 '87년 체제'에서 잃어버린 것들을 보상받고 싶었던 것인지도 모른다. 그러나 그 보상은 불가능하며, 박근혜 정부가 자신들이 원하는 것을 이루어줄 수 없을 것이라는 사실은 앞으로 계속 증명될 것이다. 세월호 참사는 그중 하나일 뿐이다. 이 사건에서 인민주권의 대리자인 대통령과 자유지상주의에 근거하고 있는 '보수'의 이데올로기는 충돌했다. 앞서 논의했듯이 재난상황에 대한 책임을 부덕한 군주에서 찾는 것은 근대 이전 유교적인 사고방식이었다. 근대의 이데올로기라고 할 수 있는 시장주의에 따르면 재난의 위험은 항존하는 것이기 때문에 정부에 재난 자체에 대한 책임을 물을 수 없다. 정부는 그에 대한 대비와 대책을 마련하면 되는 것이기 때문이다. 따라서 세월호 참사에 대한 책임을 물어 대통령의 사과를 요구하는 태도는 '보수'에게 시대에 뒤떨어진 '미개성'의 징표로 보였을 것이다. 이들이 너도 나도 '국민성'을 문제 삼은 것은 이 때문이었다.

자유지상주의의 관점에서 본다면 사고를 일으킨 불량 기업을 시장에서 퇴출시키면 문제가 해결되는 것이다. 그러나 이른바 '국민'은 대통령의 사과를 요구했다. 과연 이것이 '보수'의 생각처럼 근대화가 덜된 몽매한 '국민'의 문제일까. 오히려 이 문제는 부르주아의 이해관계를 조정하는 의회정치와 인민주권을 직접적으로 대리하는 대통령이라는 한국 식 민주주의의 현실 때문에 발생하는 것이라고 봐야 하지 않을까. 시장주의적 절차를 통해 해결할 수 없는 과잉의 정치가 박근혜라는 인격화한 인민주권의 대리자에게 제 역할을 해달라고 요구했던 것이 아닐까. 대통령의 이 딜레마는 박근혜라는 개인에게 국한되는 문제가 아니다. 향후 누가 대통령이 되더라도 이런 민주주의의 구조가 지속된다면 당면하게될 문제이다. 이런 까닭에 박근혜라는 이름을 통해 한국의 '보수'가 소망했던 것은 이루어질 수 없다. 물론 대통령이라는 권력을 통해 한국의 '진보'가 이루고자 소망하는 것도 실현 불가능할 것이다.

앞서 지적했듯이, 한국 보수는 박정희 체제를 기원이라고 믿지만 정작 박정희는 보수주의자가 아니었다. 그는 파시스트였고 시장주의에 적대적이었다. 따라서 박근혜 정부는 결코 박정희 체제의 계승일 수가 없다. 지금은 부르주아가 지배하는 시장주의 시대이기 때문이다. 권력은 이미 시장으로 넘어온 것이다. 아니 정확하게 말하면, 정치의 문제는 이제 개인의 규율이 아니라 '살아가는 것'에 대한 관리가 되었다. 정치는 '먹고사니즘'을 유지하는 것을 돕는 한에서 효용성을 가질 뿐이다. 박근혜는 다만 이 시장에서 '보수'의 헤게모니를 계속 유지하기 위해 호출된 이름이다. 결코 박정희는 되풀이될 수가 없다. 미국 중심의 세계 질서로 편입되기를 갈망했던 한국의 '보수'는 상징적 아버지 미국의 이름을 따를 수밖에 없다. 이런 사정으로 인해 역설적으로 박근혜 정부는 '불가능한 박정희'를 보여준다. 21세기 자본주의에서 더 이상 효용성이 없는 박정희를 확인시키는 것이 박근혜 정부인 것이다. 따라서 위기를 극복하기 위해 호출되었지만 역설적으로 박근혜 정부 자신이 위기가 되는 상황이 도래할 수 있다. 만일 그 상황이 찾아온다면, 87년 체제가 '정치협약'을 통해 고정시킨 공백이 동요하기 시작할 것이다. 이런 의미에서 정치를 억압하기 위해 출현한 박근혜 정부야말로 낡은 정치에서 새로운 정치로 나아가는 통로인지도 모를 일이다.

작고한 역사가 토니 주트Tony Judt는 1989년 오스트리아의 빈에서
열차를 갈아타면서 체코의 공산주의 체제가 공식적으로 끝났다는
뉴스를 들었다. 바츨라프 하벨Vaclav Havel 대통령이 이끄는 '시민
포럼'의 결정이었다. 이 뉴스를 듣고 프라하로 돌아오는 기차에서
주트는《포스트워 1945~2005 *Postwar: A History of Europe Since 1945*》를
쓰기로 결심했다. 이 책에서 그가 논하고자 했던 것은 동서를 갈라
놓은 냉전의 종식과 새로운 유럽의 탄생이었다. 2012년 12월 19일
박근혜의 당선 소식을 접하면서 나도 1989년 주트가 느낀 것과 비
슷한 감흥에 사로잡혔다. 희망이냐 절망이냐, 둘 중 하나를 선택하
는 문제가 아니라, 이념의 지형을 구성하던 근본적인 구도가 해체

되는 느낌이었다. '민주화' 이후 자유민주주의라는 합의를 통해 형성된 중립지대는 이렇게 붕괴해버린 것 같았다.

대선을 선악의 이분법으로 보고, 상대방을 섬멸해야 할 대상으로 보는 관점은 기각되어야 한다. 어떤 선거도 전쟁이 아니기 때문이다. 그러나 자유민주주의라는 합의를 위반하는 국가기관의 선거 개입이 있었고, 종북 논쟁을 비롯한 과거의 이념 투쟁을 다시 복권시켜 내재적 배제를 재구성하려는 보수의 반격이 지속되었다. 투표라는 상징적 행위를 통해 표출된 선거 결과는 '국민'의 의사를 나타내는 제한적 바로미터에 지나지 않는다는 사실을 자유민주주의를 절대가치로 떠받들던 세력들이 자임하고 나선 것이다. 박근혜 정부 출범 이후에 불거진 국가기관의 선거 개입 문제는 역설적으로 '보수'가 이런 진실에 더 불안을 느꼈다는 것을 증언한다. 선거의 불완전성, 그래서 필요했던 것은 국가의 중립성을 부정하는 것이었다. 국가권력을 다시 중심화하는 것, 자유민주주의라는 합의를 깨트릴 정도로 '보수'는 절박했던 것이라고 할 수 있다. 경제주의로 인해 점점 중립화하는 국가에 대해 무력감을 느낀 당사자는 '진보'만이 아니었던 것이다. 경제는 이념과 진영을 가리지 않는다.

그러나 선거 과정이 어떠했든, 박근혜 후보를 선택한 유권자나 그렇지 않은 유권자가 모두 이 '국민'의 범주에 속한다는 것은 분명하다. 박근혜 정부가 출범했다고 해서 그를 선택하지 않은 다른 유권자들이 혜택을 누리지 못하거나 불이익을 당할 수는 없다. 이것이 헌법에 기록돼 있는 '공화국'의 원칙이다. 중요한 것은 이 원칙을 끝까지 밀고 나가는 것. 모든 문제를 박근혜 정부로 귀속시켜 과거 이명박 정부에서 보여줬던 것처럼, 근본적 모순의 원인을 대통령이라는 개인 탓으로 돌리는 것은 부분의 진실만을 이야기하는 것에 지나지 않는다.

결론적으로 중요한 문제는 '박근혜는 무엇의 이름인가'라는 질문이다. 박근혜는 '독재자의 딸'이라는 사실관계에서 자유롭지 못하다. 윤리 판단에 근거해서 본다면 박근혜는 '독재자'라는 민주주의에 반하는 아버지를 두었다. 새누리당은 이 사실에 대한 해석을 반전시키기 위해 '아버지의 잘못을 딸에게 전가하는 행위의 부당성'을 주장했다. 연좌제 비판이 여기에 깔려 있다. 정권 유지를 위해 냉전 이데올로기를 십분 활용했던 독재자의 악법이 그 딸을 구명하는 논리로 활용된 것이다. 가치와 사실을 분리해서 전자의 전환을 통해 후자에 대한 판단을 바꾸는 전략이 박근혜의 당선을 가능하게 만든 중요한 전략이었다는 사실을 간과할 수 없다. 그러나 문제는 여기에서 그치지 않는다. 전략이 훌륭하다고 해서 반드시 성공하는 것은 아니기 때문이다. 특히 직접선거를 원칙으로 하는 한국의 대통령제는 다분히 '민심'이라고 불리는 유권자의 총의가 중요한 역할을 할 수밖에 없다. 일정한 포퓰리즘은 필수 요소이다. 자본주의는 기본적으로 노예를 길러내는 것이 아니라 소비자를 만들어내는 체제이다. 소비자는 욕망의 주체이고, 따라서 강압적인 권력으로 통제할 수 없다.

'독재자의 딸'이라는 우려를 뚫고 박근혜가 당선된 것은 성공의 평등보다 쾌락의 평등에 더 관심을 갖는 한국 사회의 분위기와 관련 있다. 복지 예산을 마련하는 문제에서도 직접세보다 간접세에 방점을 찍어야 하는 이유이다. 쾌락의 평등은 화폐의 축적이다. 화폐의 축적은 자본가의 역량이다. 과거의 자본가가 인색한 부자였다면, 오늘날 자본가는 훌륭한 소비자여야 한다. 자본가야말로 소비자를 이해하는 주체이다. 소비자의 마음을 사로잡지 못한다면 상품을 팔아서 자본을 축적할 수 없다. 이런 까닭에 개인에게 자본가의 길을 보장해주는 것이 바로 한국 사회가 요구하는 복지의 해결책이다. 이 문제를 해결해줄 것으로 막연하게 기대했기 때문에 50대는 박근혜를 선택했다.

이념 구도에서 본다면 박근혜는 '독재자의 딸'로서 민주주의의 적이다. 그러나 '합리적인' 박근혜 지지자들은 이런 약점을 큰 문제로 생각하지 않았다. 이들이 왜 박근혜를 지지했는지 고민하지 않는다면, 이름만 박근혜가 아닐 뿐, 또 다른 '박근혜'를 대통령으로 선출할 수밖에 없을 것이다. 자유민주주의의 완성에 머무는 것이 아니라 그 한계에서 다른 정치에 대한 상상을 이끌어내야 한다. 박근혜에 대한 지지는 과거처럼 민주주의에 대한 혐오만을 내재하는 것처럼 보이지 않는다. 이른바 '중도보수'라는 일정한 의식이 말해주는 것은 다양하다. 지금까지 논의했듯이, 이 상황은 '민주화' 이후 한국의 이념 구도가 바뀌고 있다는 것을 암시한다. 이른바 '민주 세력'이 더 이상 운동의 주체로 존재하지 않고 제도화한 것과 이런 변화는 깊은 관련을 가진다.

　이런 상황에서 '민생'이라는 정서적인 용어법으로 국가에 대한 요청을 관통한 것이 박근혜의 전략이었다. 이 용어법이 누락시키는 것은 '노동'의 범주이다. 민생은 노동문제보다 소비 문제를 부각시키는 개념이다. '국민 행복'도 마찬가지이다. 행복의 내용은 삶의 안정성이고 안전한 사회이다. 안전 사회를 위해 '불량식품'을 척결하겠다는 것을 주요 공약 중 하나로 거론했다는 것은 상징적인 조치였다. 박근혜에 대한 노년층의 지지는 어떤 의미에서 보면 신자유주의 경제개혁이 만들어놓은 '흐르는 사회'에 대한 저항감의 표현이었다. 이성의 판단은 감정과 분리되지 않는다는 것이 아리스토텔레스의 생각이었다. 이성과 감정을 나누어 서로 대립적인 것이라고 보는 관점도 있지만, 실제로 이성의 판단은 감정과 밀접하게 관련돼 있다는 사실을 박근혜 지지층의 태도에서 읽어낼 수 있다. 이들의 지지를 단순하게 감정의 문제로 치부할 수 없는 까닭이다. 감정은 이성의 판단에 개입해서 지지 기반을 견고하게 만든다. 감정은 특정 세력의 이데올로기를 공고하게 현실화하는 기제이다.

이데올로기는 단순한 가상에 그치는 것이 아니라 현실을 그럴듯하게 만들어주는 판타지의 구성물이다. 말하자면 이데올로기가 있기 때문에 우리는 현실을 그렇게 인식할 수 있다. 이데올로기가 현실을 간섭할 수 있도록 만드는 것이 감정이다. 그러므로 박근혜에 대한 노년층의 감정은 단순히 '광신'으로 치부할 수 없는 문제이다. 오히려 이 감정은 정확한 논리성을 갖추면서 현실의 쾌락 원칙을 옹호한다. 이 사실은 중장년층 여성 지지자들에게도 해당하는 사항이다. 박근혜가 내세운 여성 대통령의 표상에 대항해서 페미니즘은 의미를 만들어내지 못했다. 그 이유는 어쨌든 박근혜에게서 자신의 여성성을 발견하려 했던 여성 유권자들에 있다. 여성 유권자들은 '엄마-아내-딸'로 살아가면서 느꼈던 불평등하고 불합리한 처지를 '박근혜'라는 인격을 통해 보상받으려 했다. 이런 감정적 공명 과정이 '독재자의 딸'이라는 이미지를 상쇄시켰다. 유신과 독재의 기억은 과거의 것이고 민주주의라는 가치에 들어맞지 않는다. 이를 익숙한 논법으로 '이성의 마비'라고 봐야 하는 것일까.

이렇게 문제를 환원시키는 순간, 이성과 감정은 대립적 구도에서 벗어나지 못한다. 이성이 옳은 것에 대한 판단이라면 감정은 좋은 것에 대한 판단이다. 감정은 좋은 것을 벗어나서 나쁘거나 괴로운 것을 수용하려고 하지 않는다. 그런데 이렇게 좋거나 나쁜 것을 판단하게 만드는 것은 옳은 것과 그른 것을 판단하는 이데올로기와 무관한 것일까. 뒤집어서 묻는다면, 좋거나 나쁜 것을 판단하는 것과 옳거나 그른 것을 판단하는 것은 아무런 관계가 없는 것일까. 박근혜를 맹목적으로 지지하는 일부 집단도 있을 것이다. 그러나 중요한 것은 맹목성과 관계없는 중도보수가 박근혜를 지지했다는 사실이다. 선동에 넘어가서 좀비가 된 것이 아니라면, 이들은 '합리적 판단'에 근거해 박근혜에게 표를 주었을 것이다. 이 '합리적 판단'을 분석하는 것이 필요하다. '박근혜'라는 개인에 대한 동정이나 공감은 현실에 대한 '합리적 판단'이라는 현실성을 구성하는 기제였다. 판타지는 현실이다. 이 현실은 박근혜로 인해 만들어진 것이 아니라 박근혜를 통해 구성된 것이다. 이 박근혜의 자리는 누구라도 올 수 있는 장소였다. 행운과 역량을 갖추면 누구라도 대통령이 될 수 있는 것이 직선제의 원리이다.

문제는 그 박근혜의 자리에 '진보'의 가치를 대리하는 정치인이 오지 못했다는 것. 박근혜의 역량(또는 미덕)이 왜 이 시점에서 선택됐는지 고민해야 하는 까닭이 이 지점에서 발아한다. '박근혜'라는 이름이 말해주는 것은 무엇인가. 주목해야 할 것은 대선에서 박근혜는 '민생'이라는 경제적 의제에 집중했다는 사실이다. '경제 대 정치'라는 익숙한 근대 부르주아 국가의 전략을 되풀이한 것이다. '진보'에게 문제는 '어게인 2002년'이었지만, 현실은 2007년이었다고 할 수 있다. 경제 논리를 앞세운 정치를 주장하는 것이 박근혜의 집권 전략이었다. 정치보다 경제를 우선한다는 것은 경제 위기를 해소하기 위해 정치적 편제를 개혁한다는 의미이기도 할 것이다. 이것이 정치 개혁이나 쇄신에 대한 요구였다는 것을 부정하기 어렵다. 정치인이 경제 위기 해소에 도움을 주지 못한다는 생각은 과거 박정희가 정치인을 '쓰레기'나 '병균'에 비유했던 인식과 궤를 같이한다. 먹고살기 위한 경제 발전에 도움을 주기는커녕, 오히려 자신의 기득권을 지키고 유지하기 위해 '국민의 혈세'를 낭비한다는 믿음이 팽배한 것이다.

박근혜는 자본 측면에서 봤을 때 가장 안정적인 후보였다. 한국처럼 대통령의 결정권이 정책에서 중요한 변수로 작용하는 국가에서, 대통령의 성향은 자본 측면에서 본다면 절대적으로 고려할 수밖에 없는 필수 요소이다. 박근혜의 안정성은 부르주아뿐만 아니라 안전 사회를 갈망하는 도시중간계급의 요구에 부합하는 이미지였다. 박근혜에 대한 지지는 그의 과거나 이념에 대한 동의라고 보기 어렵다. 오히려 자본 측면에서 보면 박근혜야말로 경제 위기로 인해 동요할 수 있는 정치를 안정시켜줄 리더십의 인물이었다. 문제는 박정희의 경우와 마찬가지로 미국에 대한 박근혜의 태도가 미지수로 남을 수 있다. 정확하게 이 태도는 미국식 자유민주주의에 대한 박근혜의 입장이다. 박근혜를 '독재자의 딸'로 지칭한 《타임Time》은 이에 대한 우려를 간접적으로 드러냈다고 볼 수 있다. 미국의 전략은 자신의 가치를 비서구권에 전파하는 것이었고, 가장 모범적인 국가가 바로 한국이었다. 한국은 경제와 정치 측면에서 미국의 가치에 가장 근접한 결과를 낳은 역사를 보여준다. '진보'는 이런 측면에서 여전히 정체성의 혼란을 겪고 있다는 판단이다. '진보'를 구성하는 정파는 민족주의, 미국식 자유주의, 유럽식 사민주의에 이르기까지 스펙트럼이 상당히 넓다. 지난 총선을 기점으로 민족주의와 유럽식 사민주의는 의회정치라는 합의 제도 내에서 영향력을 상실했고, 미국식 자유주의가 대세를 이루게 되었다.

박근혜의 집권은 의회정치의 풍경이 보수주의로 정리된 조건에서 이루어진 것이다. 이런 관점에서 두 보수주의 중에서 메시지가 선명하고 경제를 위해 정치를 안정시킬 수 있는 후보에 대한 지지가 가능했다고 말할 수 있다. 그래서 박근혜는 '보수'의 갈등을 봉합할 수 있는 가장 이상적인 접점이었을지 모른다. 냉전 이데올로기에서 벗어나지 못하는 세력과 미국식 가치를 지지하지만 이른바 '민주화 세력'이 내세우는 이념에 동의할 수 없는 이들이 '박근혜'라는 공유점을 찾은 셈이다. 여기에서 문제가 된 것은 박정희 독재에 대한 박근혜의 입장이었는데, 결정적인 지지 철회의 이유로 작용하지는 못했다. '박근혜'라는 개인의 역할이 기존 질서를 뒤집을 것처럼 보이지 않았다. 겉으로 보기에 여야는 유신과 '민주화'라는 가치 지향을 가진 것 같지만, 경제정책 측면에서 둘은 미국 중심의 세계 체제를 거부하지 않는다는 동일한 입장을 가지고 있다. 박근혜가 집권 가능했던 것은 역설적으로 유신의 가치를 부정할 수 있었기 때문이다. 과거 유신의 가치로 중도보수의 합리성을 포괄하는 것은 불가능한 일이다. 지난 5년을 통과하면서 증가한 부동층은 기존 정치 언어로 소통하지 못하는 욕망의 주체성을 의미한다. 이 주체성은 아이러니하게 소비주의로 인해 탄생한 것이다. 좌절과 분노가 이 주체의 정서를 구성한다. 소비주의의 스펙터클은 존재를 현시하면서 만족감을 제공한다. '자랑질'이야말로 소비주의를 밀고 가는 핵심적인 욕망의 메커니즘이다. 하지만 지그문트 바우만Zygmunt Bauman이 갈파했던 것처럼, 이 '자랑질'에 동참하지 못하는 순간, 소비자가 느끼는 불만은 좌절과 분노로 바뀐다. 좌절한 소비자가 소비주의의 한계를 넘어갈 수 있을 때, 정치는 비로소 제 역할을 할 수 있을 것이다.

그러나 한국은 여전히 소비주의의 한계상황에서 폭력성으로 이행하기보다 윤리적 방식으로 문제를 해결하려는 것처럼 보인다.

선악의 이분법이 호출되는 것도 이 때문이다. 현실의 문제를 해결하기 위한 상징 행위로서 좌절과 분노를 안기는 대상에게 윤리적 비판을 가하는 것이 이를테면 지금 목격하고 있는 비정치의 정치 또는 반-민주주의의 민낯이다. 이런 현상은 정치처럼 보이지만 사실은 정치적인 것을 억압하는 장치일 뿐이다. 더 많은 민주주의를 요구하는 정치적 의제로 나아가지 못할 때, 선거는 보수주의 중 하나를 선택하는 문제로 전락한다. 민주주의는 누구를 지지하는 문제라기보다 자신의 입장을 이야기하는 과정 자체이다. 이런 민주주의는 선거를 통해 구현되는 것이 아니라 일상 정치를 통해 만들어진다. '생활 세계'에 대한 관심을 다시 강조하는 것은 향후 5년 뒤 누가 대통령이 될지 다투는 것보다 더 의미 있는 일이다. 어떻게 생각하면 '박근혜'라는 이름은 이 중요한 의제를 감추기 위한 '보수'의 전략으로 선택된 것이라고 볼 수 있다. 이 전략을 넘어서기 위해 지금 여기에서 87년 체제로 표상되는 '민주화'가 배제시켜버린 그 정치의 기원들을 다시 되돌아보아야 할 것이다.

이 책의 원고를 완성한 뒤에 무시하고 넘어갈 수 없는 일이 두 건
일어났다. 하나는 예측할 수 없었던 사건이고, 또 하나는 예측 가
능했던 사건이었다. 세월호 참사와 6·4 지방선거 결과가 그 둘이
다. 돌이켜보면, 세월호 참사는 단순한 여객선 사고에 그치지 않고
국가에 대한 질문을 정면에서 제기한 사건이다. 국가에 대한 요청
을 실현시켜줄 것처럼 제스처를 취했던 박근혜 정부가 실제로 다
른 정부들과 크게 다르지 않다는 것을 보여준 계기였다.

　'박근혜'라는 이름은 모든 문제를 해결할 수 있는 마법의 주문이
아니었다. 물론 정부의 항변처럼 일차적으로 세월호 참사는 청해
진해운과 선장의 잘못이라고 볼 수 있다. 안전 규정을 무시하고 점

검을 소홀하게 했기 때문에 참사에 대한 직접적 원인 제공을 한 사실을 무시할 수 없다. 그러나 이미 많은 이들이 공통적으로 지적했듯이, 단순 사고로 끝날 수도 있었을 상황이 참사로 번져갔던 것은 해경을 비롯한 국가의 부실 대응으로 인한 것이다. 따라서 세월호 참사가 사고의 책임을 따지는 상황에서 국가의 의미를 묻는 상황으로 확대되는 것은 당연한 수순이었다. 여기에 진두지휘하는 제스처를 취하면서 대통령이 전면에 나선 것도 이 사안을 국가의 문제로 나아가게 하는 데 한몫했다고 할 수 있다. 자연스럽게 '국민'이 박근혜라는 이름을 호출하게 만드는 과정이 연출되었던 것이다. 말하자면 재난이 정치의 영역으로 넘어오게 된 것이다. 일부에서 주장하는 것과 달리 이런 현상이 '순수'하지 못한 시민들로 인해 발생하는 것이라고는 보기 어렵다. 오히려 이 과정이야말로 박근혜 정부가 '박근혜'라는 이름 이외에 다른 무엇도 가지고 있지 않다는 사실을 증명한다.

흥미로운 것은 세월호 참사의 원인을 진단하는 관점에 있다. 대통령이 세월호 참사의 원인으로 지적한 것이 바로 '적폐'이다. 이런 문제의식은 정부의 부실대응을 야기한 원인으로 한국의 전근대성을 지목하는 목소리와 묘하게도 화음을 이룬다. 대통령의 논리에 따르면 '적폐'는 비정상적인 것이고, 이것을 정상화하는 것이 이른바 국정 기조인 것인데, 말할 것도 없이 비정상의 정상화가 전제하는 것은 전근대성을 타파하는 정상 국가의 완성을 의미한다. 텔레비전으로 생중계되고 있는 구조 현장을 보면서 한국의 후진성을 새삼 실감했다는 '증언'들이 인터넷 게시판과 SNS상에 쏟아져 나온 것이나, "이것이 국가인가"라는 개탄이 언론을 뒤덮은 것은 무엇을 말해주는 것일까. 경제 규모에서 선진국 대열에 진입했는데, 이에 걸맞은 국가의 꼴이 갖춰져 있지 않다는 자각이 모두에게 충격으로 다가온 것이라고 볼 수 있겠다.

앞서 본문에서 논의했듯이, 선진국이라는 표현의 뉘앙스에 이미 담겨 있는 의미가 바로 비정상의 정상화이다. 후진국 또는 비정상적인 국가를 발전시켜서 선진국 또는 정상적인 국가로 가야 한다는 발상이 이 말에 감춰져 있다. 이 말만 놓고 보면 한국의 전근대성을 세월호 참사의 원인으로 지목한다는 점에서 정부만 유독 이런 생각을 하는 것처럼 보이진 않는다. 적어도 선진국이라면 발생할 수 없는 참사라는 논리가 정치적 입장을 떠나 광범위한 지지를 얻었다는 것은 의미심장하다. 사실은 같은 주장을 하고 있음에도 전근대성의 책임 소재를 각자 유리한 대로 따져 묻고 있는 것을 어떻게 받아들여야 할까. 아마 이 문제의 정점에 '해경 해체'를 선언한 대통령의 대국민담화가 있을 것이다. 비정상의 정상화를 위해서 부정부패로 썩어문드러진 감염 부위를 도려내야 한다는 위생학적인 상상력이 이런 해결책을 내놓은 것이리라.

이런 논리가 가능한 까닭은 공동체를 구성하는 과정이 바로 면역성을 만들어내는 계기이기도 하다는 데 있다. 공동체는 이권보다도 증여를 통한 호혜 평등의 원칙으로 작동한다. 이런 상호주의를 지탱하는 것이 위기나 위험으로부터 공동체를 안전하게 지키려는 면역성이다. 세월호 참사에서 확인할 수 있었던 안전에 대한 열망은 바로 이런 공동체와 면역성의 상관관계에서 발생한 것이다. 그러나 '내 가족'을 위한 면역성이 지나치게 강하면 공동체가 위협받듯이, 특정 집단의 안전만을 강조한다면 지금 우리가 목격하고 있는 것처럼 자신들의 권력만을 지키려는 경향이 노골화할 수밖에 없다.

결론적으로 말하면 당시에 정부가 보여줬던 태도나 세월호 참사를 둘러싼 다양한 문제점은 한국이 전근대성을 벗어나지 못했기에 일어나는 현상이 아니다. 오히려 세월호 참사는 그 어디보다도 한국의 자본주의가 극단으로 치달았기 때문에 발생한 것이다. 당장 선령 제한을 해제하고 증축에 증축을 거듭한 세월호야말로 이윤 추구의 막장을 보여주고 있지 않은가. 이윤추구의 문제는 분배와 더불어 생산의 문제이기도 하다. 한국은 불평등의 문제를 분배에 국한해서 생각하는 경향이 있는데, 엄연히 생산의 영역에서 작동하는 '경쟁'이라는 규범적 강제가 있다. 자본주의는 기본적으로 경쟁이다. 노동조건을 악화시키는 저임금과 노동시간의 강화가 경쟁력을 높이는 수단이다. 세월호 참사에서 드러났지만 결코 가시화하지 못했던 비정규직 노동자의 존재야말로 전국민적 애도에 가려진 한국 자본주의의 실상이다.

선장이나 유병언 일가의 뻔뻔함은 이 때문에 가능하다. 자본의 입장에서 보면 이들은 최대의 이윤을 추구했을 뿐이다. 이것이 자본주의의 '합리성'이고, 삶을 구성하는 규범이다. 세월호는 전근대적인 시스템의 산물이 아니라, 이런 자본주의의 '합리성'이 순수한 상태로 완성된 결과물이었다. 이 '순수한 합리성'에 살아가는 방식을 맞추는 것을 '미덕'이라고 불러온 곳이 한국이다. 따라서 사고의 원인을 '적폐'나 부정부패 같은 도덕성의 문제로 치환하는 것은 문제의 본질을 놓치는 것이다. 이런 참사가 개인의 도덕성 문제라고 한다면, 지금 정부가 이야기하는 것처럼 세월호 선장을 살인자로 규정하고 유병언 일가를 일망타진하면 될 일이다. 그러나 과연 그렇다고 장담할 수 있을까. 역설적으로 세월호의 '적폐'야말로 전근대성이라기보다 자본주의의 보편성을 의미하는 것이 아닐까.

당장 눈을 돌려보더라도, 이른바 전근대성과 관계없어 보이는 선진국에서 일어난 수많은 대형 참사들을 어렵지 않게 목격할 수 있다. 영국의 셰필드 힐즈버러 축구장 붕괴 사고나 런던 패딩턴 열차 사고를 전근대성과 연결하기는 쉽지 않다. 노르웨이에서 일어났던 총기 테러 사건의 원인이 전근대성이라고 주장할 이들은 없을 것이다. 미국은 또 어떤가. 카트리나 태풍으로 엄청난 사상자를 낸 뉴올리언스 참사가 있었다. 따라서 충분히 근대화된 국가라고 하더라도 대형 참사는 언제든지 일어날 수 있다. 문제는 그 참사에 적절하게 대처하는 정부의 능력일 것이다.

이런 능력을 효율성과 동일시했던 것이 진보와 보수를 막론하고 역대 정부 모두에서 확인할 수 있는 공통점이었다. 이때 말하는 효율성이라는 것은 적은 비용으로 높은 효과를 발휘하는 이윤 추구의 논리에 지나지 않았다. 언제 발생할지도 모를 재난에 대비해서 막대한 국가 예산을 낭비할 것이 아니라, 비용을 민간에게 넘기면서 상생하는 길을 찾아야 한다는 민영화의 논리가 그럴듯하게 들리는 지점이다. 예산을 적게 쓰는 '작은 정부'가 효율적이고 좋은 정부라는 암묵적 합의가 있었다. 시민사회에 대한 정치적 부담을 외면할 수 없었던 이른바 진보 정부마저 이런 합의에서 자유롭지 못했다.

자본주의의 핵심 동력은 이윤의 무한 추구에 있다. 정부는 이런 자본주의의 법칙을 진리로 받아들이고 위배하지 말아야 한다는 것이 이른바 신자유주의라고 불리는 사고방식이다. 그러나 2008년 세계금융위기 이후 수많은 경제학자들이 지적했고, 최근《21세기 자본론 *Capital: in the Twenty-First Century*》에서 토마 피케티Thomas Piketty도 동의했듯이, 신자유주의가 자신만만하게 주창했던 방식으로 불평등의 문제는 해소되지 않았다. 오히려 고삐 풀린 자본주의는 빈익빈 부익부 현상을 더욱 부채질하는 한편으로, 열심히 노력하면 너도 나도 부자가 될 수 있다는 환상을 부추겼다. 한때 우리에게 부동산과 증권으로 대표되었던 거품경제는 성장 없는 자본 수익률의 증가가 만들어낸 신기루였던 것이지만, '인생 역전'을 꿈꾸는 이들에게 둘도 없는 기회처럼 보였다. 한국의 경우는 어땠을까. 국가 주도로 경제성장을 추진해왔던 근대화 과정이 말해주듯이, 국가를 통해 자본가가 육성된 경우가 한국이다. 본문에서 살펴봤지만, 민주화는 인권과 평등이라는 시민권의 가치가 확산되는 과정이자 동시에 국가에 복속되어 있던 자본가가 해방되는 과정이기도 했다.

우리가 선진국이라고 습관적으로 부르는 서구의 근대성을 구성하는 사상의 핵심은 자유주의였다. 영국의 자유주의자들은 개인의 자유와 평등을 지키려면 사유재산이라는 물적 토대가 필요하다고 보았다. 정치권력에 개인의 경제활동을 침해하지 않도록 만드는 자유주의의 논리는 이런 유물론을 도덕성이라는 개인의 내면과 연결시킨 결과였다. 형이상학과 유물론이 함께 있는 모순의 결과물이 자유주의이다. 그러나 한국의 경우를 보면 역설적으로 자본주의 경제의 법칙은 도덕성과 아무런 관련성을 갖지 않는다는 것을 알 수 있다. 이것을 자유주의의 관점에서 근대화가 제대로 이루어지지 않아서 그렇다고 볼 수도 있겠지만, 뒤집어 생각해 보면 자본주의와 자유주의가 아무런 관련이 없다는 사실을 말해 주는 것이기도 하다.

자유주의의 입장에서 봤을 때, 지금 한국에서 결핍되어 있는 것 은 도덕과 경제를 매개하는 정부의 역할일 것이다. 이 역할을 바 로 세우자는 것이 정치적 입장을 떠나 확인할 수 있는 공통의 주장 이다. 도덕과 경제를 매개하지 않는 정부의 무능을 전근대성의 문 제로 쉽게 치환할 수 있다. 그러나 푸코도 지적하듯이, 자유주의 는 정부의 효용성을 경제 운영의 능력에서 찾는 입장일 뿐, 그 통 치 기술 자체가 자본주의와 일치하지 않는다. 말하자면, 이는 자본 주의 경제에 맞춰서 그 통치 기술을 정교화해야 한다는 주장에 지 나지 않는 것이다. 그러나 한국은 이런 통치 기술이 더 이상 자본 주의 환경에서 작동하지 않는다는 사실을 입증하고 있다. 세월호 는 바로 자유주의를 우회한 자본주의의 실상을 제대로 보여주는 사례라고 할 수 있다.

자유주의와 자본주의는 일정한 긴장 관계를 형성한다. 고전적 자유주의의 입장에서 자본가는 일하지 않고 사리사욕만을 채우는 탐욕의 화신이다. '정상적 자본주의'는 '신사의 사업'이다. 이 신사 의 핵심 덕목은 공동선에 대한 추구에 이바지하는 것이다. 그러나 이런 자유주의의 기획은 실패했다. 세계대전과 전체주의의 등장은 자유주의와 자본주의의 불일치를 극명하게 보여준 사건이었다. 새로운 자유주의는 개인을 규율해서 획일적으로 더 나은 사회를 이룩할 수 있다는 것을 부정한다. 나치즘과 사회주의의 실패는 이런 믿음을 태동시킨 근거였다. 새로운 자유주의, 다시 말해서 신자유주의는 자본주의의 작동 방식을 삶의 규범으로 채택해야 한다는 신념에서 출발했다. 경쟁의 법칙은 삶의 발전을 위해 필수적이다. 이것이 바로 자본주의라는 '자연'의 법칙이기 때문이다. 신자유주의는 자본주의 이외에 다른 외부를 인정하지 않는 세계관인 것이다.

역설적으로 이윤의 무한 추구를 위해서 최소의 도덕마저 소멸시킨 한국의 자본주의야말로 신자유주의가 꿈꾸어온 자본의 운동과 삶의 원리가 하나로 조합을 이룬 최상의 기계인 것은 아닐까. 말하자면, 발전에 발전을 거듭해서 도달한 순수한 자본주의 그 자체가 한국의 실상인 것은 아닐까. 신자유주의는 이런 순수한 자본주의에 대한 신앙을 '실존적 합리성'으로 만들어낸 신념 체계이다. 각자도생해야 한다는 삶의 규범이야말로 신자유주의가 내세우는 미덕이다. 이 순수성을 다른 위협으로부터 지키기 위한 면역 체계가 비대해져서 마침내 공동체의 공동선마저 붕괴시킨 것이 세월호 참사의 본질이라는 생각이 강하게 든다.

이런 논의에서 이어지는 다음 사건은 세월호 참사와 연계되어 있으면서도 분리해서 생각해야 하는 6·4 지방선거 결과이다. 6·4 지방선거를 '정권 심판'으로 몰아가는 분위기도 없지 않았지만, 사실 지방선거는 '비정치의 정치'가 확연하게 드러나는 계기라고 볼 수 있다. 대표적인 것이 교육감 선거이다. 교육이라는 영역은 딱히 정치적 입장을 가릴 수 없다. 보수이더라도 진보적인 교육정책을 지지할 가능성이 있다. 진보와 보수가 격렬하게 이권으로 대립하기보다 가치로서 선택할 수 있는 공간이 열릴 수 있다. 의회정치가 조장하는 이분법을 넘어선 중립지대가 교육이기도 하다. 따라서 이 영역에서 유권자들이 후보를 판단하는 기준은 합리성과 전문성 그리고 도덕성이다. 어쩌면 자유주의적인 의미에서 가장 바람직한 투표 행위가 이루어질 수 있는 영역이 바로 교육감 선거였던 셈이다.

이런 까닭에 6·4 지방선거에서 교육감 선거의 결과가 가진 의미는 중요하다. 보수 양당이 교착 상태에 빠져 있고, 진보 정당이 사실상 의회정치의 영역에서 배제되어버린 상황에서 이른바 진보를 전면에 내세운 교육감들이 당선되었다는 것은 무시할 수 없다. 이것은 유권자들이 정치적인 입장에 근거해서 도그마적인 사고방식에 집착하지 않는다는 사실을 보여주기 때문이다. 일부 야당 지지자들은 세월호 참사에도 '압승'하지 못했기 때문에 '패배'라고 단정하기도 하지만, 지방선거의 특성상 정치적 적대를 선명하게 드러내는 것은 용이하지 않다. 지방선거의 결과에서 보수 양당이 어슷비슷한 판세를 보였다는 사실에서 의회정치의 미덕이라고 할 수 있는 균형의 견제를 읽을 수 있다.

정책을 내세운 진보 정당과 달리 왜 진보 교육감은 약진했는지 다소 역설적일 수도 있다. 진보라는 가치에 투표를 한 것이라면 진보 정당도 정당하게 주목을 받았어야 하는 것 아닌가. 그러나 진보 정당과 진보 교육감은 진보라는 수식어만 같을 뿐 전혀 다른 문제이다. 진보 정당은 기본적으로 정당이고 진보 교육감은 개인이다. 인격이나 도덕성이 구성하는 명망이라는 측면에서 진보 교육감은 비정치의 정치에 훨씬 더 적합하다. 결과적으로 진보 정당은 명망이라는 문제에서 뚜렷한 '인물'을 확보하지 못했기 때문에 배제되었던 것이다. 그렇다고 이와 같은 방식으로 이루어지는 투표 행위가 진보의 가치에 대한 판단을 전제하지 않았다고 말하기는 어렵다. 진보 정당에 대한 신뢰는 없지만, 개인의 명망에 대한 지지는 여전히 존재하는 것이다. 진보의 문제도 개인으로 수렴된다는 점에서 이 모든 상황은 정당정치의 위기를 드러내는 것이라고 할 수 있다.

나는 2012년 총선과 대선을 87년 체제의 완성이자 종언이라고 파악하는데, 그 이유 중 하나가 바로 진보 정당의 소멸을 들 수 있다고 본다. 물론 진보 정당이라는 명맥이 아예 사라진 것은 아니다. 엄연히 몇몇 진보 정당 관련자들은 당을 재건하고자 노력 중이고, 당원들도 열성적으로 활동을 하고 있다. 그러나 여의도로 표상되는 정당정치 내에 이들의 자리는 주어지지 않았다. 이것은 단순하게 유권자들의 보수화로 설명할 수 있는 문제가 아니다. 차라리 이 현상은 1980년대에 형성된 운동의 결과물이 보수 양당으로 수렴되었음을 암시한다. 한마디로 체제의 바깥에 대한 상상이 종언을 고했다고 볼 수 있다. 이제 남은 일은 대체로 자유주의라는 이념의 스펙트럼으로 포괄할 수 있는 하나의 체제로 모든 것을 수렴하는 것이다.

6·4 지방선거는 이 현실을 되풀이해서 보여줬다. 2012년에 나타났다가 가라앉은 고착이 다시 수면 위로 떠올랐을 뿐이다. 양당의 균형 이외에 다른 것은 없다. 진보와 보수를 떠나서 인격이나 도덕성에서 흠결이 없다면, 어떤 정치가라도 명망을 얻고 지지를 받을 수 있다. 중요한 것은 정당정치에 깊숙이 관여하지 말아야 한다는 것. 만약 그랬을 경우, 그 정치인은 특정한 지역 내에서 영향력을 발휘하는 수준에 그치고 말 것이다. 6·4 지방선거에서 서울시장 선거는 이 사실을 극명하게 보여줬다. 정몽준 후보의 네거티브 선거 전술은 상대 후보보다도 자신의 명망을 손상시키는 결과를 초래했다. 정치가 균형에 갇힌 상황에서 정치인을 판단할 수 있는 근거는 합리성이다. 이 합리성은 실현 가능한 가치 또는 공동선

에 대한 합의를 따른다. 6·4 지방선거가 윤리적 투표였다는 사실은 이런 점에서 확인할 수 있다. 이런 유권자들의 결단은 정당정치를 통해 잘 드러나지 않는다. 정당정치에 대한 불신은 결코 정치 자체에 대한 포기를 의미하지 않는다. 오히려 새로운 정치에 대한 요구는 나날이 높아질 것이다. 그 요구가 윤리의 차원을 넘어서 그 윤리 자체를 재구성할 수 있을 때, 이제 식상함마저 느껴지는 그 새로운 정치는 비로소 모습을 드러내지 않을까.